Der Betrug im Immobilienverkehr

in seiner zivilrechtlichen Bedeutung

von

Dr. Heinrich Schultz

Rat am Oberlandesgericht München
und Dozent an der technischen Hochschule München.

2. Auflage.

1923

München, Berlin und Leipzig

J. Schweitzer Verlag (Arthur Sellier).

Druck von Dr. F. P. Datterer & Cie., Freising-München.

Vorwort.

Die Abhandlung bildet eine Studie, die ich schon im Jahre 1914 gemacht habe, um für meine berufliche Tätigkeit ein klares und bei Bedarf die rasche Orientierung ermöglichendes Bild von dem schwierigen, verwickelten und häufig mißverstandenen Rechtsgebiet zur Hand zu haben.

Wiederholten Anregungen aus dem Kreise der Rechtsanwälte folgend übergebe ich sie unter Berücksichtigung der inzwischen erfolgten Rechtsprechung des Reichsgerichts der Öffentlichkeit.

Möge sie dem Praktiker, dem sie gewidmet ist, nützlich sein.

München, Februar 1918.

Dr. Heinrich Schultz.

Die zweite Auflage bildet eine eingehende systematische Darstellung des Rechtsstoffs.

Sie erörtert unter Berücksichtigung der Rechtsprechung und Rechtslehre bis Ende Dezember 1922 für jeden Rechtsbehelf die Rechtslage im einzelnen.

Möge sie als Belehrung des Studierenden und Wegweiser für den Richter und Rechtsanwalt die gleiche freundliche Aufnahme finden, die der 1. Auflage zuteil geworden ist.

München, Januar 1923.

Dr. Heinrich Schultz.

Inhaltsverzeichnis.

I.

Einleitung.[1])

Die Fälle, in denen auf Grund arglistiger Täuschung im Grundstück- oder Hypothekenverkehr Ansprüche gegen den Vertragsgegner geltend gemacht werden, sind zahlreich. Der Sachverhalt ist meistens einfacher Natur. Die Selbstkosten, die Mietserträgnisse, die Unkosten, die Erstehungskosten, die Brandversicherungssumme, die Größe eines Grundstücks werden unrichtig angegeben. Der Verkäufer behauptet wahrheitswidrig, um einen höheren Kaufpreis zu erzielen, daß ihm früher schon von einem anderen Liebhaber ein bestimmter Kaufpreis geboten worden, oder daß ein mietlustiger vorhanden ist. Er unterdrückt die Tatsache, daß der Bebauung nach dem bestehenden Bebauungsplan Hindernisse entgegenstehen. Bei einem Fabrikbau wird verschwiegen, daß die Polizeibehörde bezüglich der Ableitung der Schmutz- und Abwässer Abänderungen verlangt und Auflagen gemacht hat. Beim Verkauf eines Wirtschaftsanwesens wird die „Brauereigebundenheit" nicht bekannt gegeben. Das Vorhandensein von Wanzen, Feuchtigkeit, des Schwammes oder der Schwammverdacht wird verschwiegen. Der Verkäufer gibt dem Käufer nicht bekannt, daß ein Bauuntersagungsrecht besteht, daß einzelne Räume, z. B. Keller oder Speicherwohnungen, nicht zu Wohnzwecken benützt werden dürfen und daß er von der Baupolizeibehörde aufgefordert worden ist, die in den in Frage stehenden Räumen angebrachten Heizkörper zu entfernen, oder daß ein öffentlicher Weg über das Grundstück führt, oder daß Druckwasser vorhanden ist. Es wird wahrheitswidrig behauptet, daß ein Grundstück mehrere Zufahrtswege, eine freie Anschlußweiche zur Eisenbahn habe, daß Seeteile zu ihm gehören, oder daß der Wald schlagbar ist. — Bezüglich der Bodenbeschaffenheit, des Zustands der Gebäude und der Straßenregulierung werden unrichtige Angaben gemacht. Es wird vorgetäuscht, daß das angebotene Haus demnächst die Schankerlaubnis erhalten werde. Verschwiegen wird beim Verkauf eines Gasthofs, daß er wegen Benützung zu Unzuchtszwecken verrufen ist, oder daß die Konzession des Verkäufers nur eine persönliche ist,

[1]) Literatur: ArchBürgR. 39, 1; 40, 202; 41, 445; JheringsJ. 64, 437; Jahrb. f. Dogm. 64, 450; GruchotsBeitr. 58, 827; 60, 790 ff.; Zivilist. Arch. 113, 124; JW. 1912, 341; Riehl, Arglistige Täuschung.

die noch dazu nur ausnahmsweise aus ganz persönlichen Gründen erteilt worden ist. Der Bierverbrauch und die Reinerträgnisse werden bewußt unrichtig angegeben. Bei einer Wirtschaft wird verschwiegen, daß eine in der Nähe befindliche, den Bierabsatz günstig beeinflussende öffentliche oder private Anlage, z. B. Bahnhof, Kaserne, Ausstellungsgebäude, Sportplatz usw. in der nächsten Zeit nicht mehr bestehen wird. Oder umgekehrt, es wird wider besseres Wissen behauptet, daß in nächster Zukunft wegen des beabsichtigten Baues einer Fabrik in unmittelbarer Nähe sich der Bierverbrauch in der im verkauften Hause betriebenen Gastwirtschaft wesentlich erhöhen werde. Es wird dem Käufer nicht bekannt gegeben, daß das Anwesen mit persönlichen Dienstbarkeiten und Reallasten, z. B. bei einem Bauernhof mit einem Austrag, belastet ist, oder daß Hypotheken unkündbar, oder die Mieter zahlungsunfähig sind. Oder es wird behauptet, daß zugunsten des Grundstücks eine im Grundbuch nicht eingetragene altrechtliche Grunddienstbarkeit besteht (vgl. z. B. bayr. ÜberlGesetz z. BGB. Art. 10). Bezüglich der hypothekarischen Belastung werden wahrheitswidrige Angaben und Zusicherungen gemacht. Der Verkäufer verschweigt, daß eine auf dem Grundstück ruhende Hypothek gekündigt ist, oder daß der Nachbar ein höchst streitsüchtiger Mensch ist, der schon mehrfach wegen angeblicher Grundgerechtigkeiten am Grundstück ohne Erfolg geklagt und noch weiter zu klagen gedroht hat. Oder er behauptet wahrheitswidrig, daß der Gläubiger die Hypothek nicht kündigen werde. Der Käufer wird über die Höhe der zu entrichtenden Wertzuwachssteuer getäuscht. Dem Verkäufer werden bezüglich einer an Zahlungs Statt gegebenen Hypothek bewußt unzutreffende Angaben gemacht, insbesondere bezüglich der Güte der Hypothek. Der Verkäufer kommt dadurch zu Verlust. Die Hypothek fällt z. B. bei der Zwangsversteigerung durch.

Die rechtliche Behandlung, welche solche und ähnlich gelagerte Fälle in der Praxis finden, beweisen, daß das in Rede stehende Rechtsgebiet und das Ergebnis der Rechtsprechung noch nicht Gemeingut der beteiligten Kreise geworden ist. Die Erklärung darf diese Erscheinung darin finden, daß das BGB. bei arglistiger Täuschung und Betrug mehrere Rechtsbehelfe dem Getäuschten zur Verfügung stellt, die bald wahlweise benützt werden können, bald sich aber gegenseitig ausschließen, bald aber auch nebeneinander zulässig sind.

Dazu kommt, daß es sich nicht selten um das ohnehin schwierige Gebiet der Schadensersatzhaftung mit manchen im BGB. nicht gelösten Problemen handelt und daß endlich auch die Rechtsprechung des Reichsgerichts bis zur grundlegenden Entscheidung Bd. 66, 335 in diesem Gebiete auf unrichtiger Fährte war und auch zurzeit noch nicht völlig frei von Widersprüchen sein dürfte. Die Fehler, die den Anwälten und den Gerichten unterlaufen, lassen sich dahin zusammenfassen, daß zunächst der Haftungsgrund nicht klar festgelegt und die Begriffe „Erfüllungsinteresse" und „negatives Vertragsinteresse" oder „Vertrauensinteresse" verkannt oder doch nicht scharf auseinandergehalten werden.

Die Fälle, in denen das Reichsgericht die Ausführungen der Revisionsbegründungen und des Urteils als unzutreffend, unklar und widerspruchsvoll bezeichnet und das Urteil insbesondere wegen unrichtiger Schadensberechnung aufgehoben hat, sind in der umfangreichen Rechtsprechung auf diesem Gebiete in großer Fülle vorhanden (RG. 82, 155; BayZfR. 1915, 198). Auch zu Schadensersatzklagen gegen Rechtsanwälte hat die Behandlung einschlägiger Fälle schon geführt (Warneyer 1915, 139).

Die in Betracht kommenden Rechtsgrundsätze und das Ergebnis der Rechtsprechung sind in den Lehrbüchern und den Kommentaren an verschiedenen Stellen, zum Teil unter Erörterung von Streitfragen, zum Teil unter Wiederholungen und Widersprüchen behandelt. Bei dieser Sachlage bietet sich dem Praktiker, dem das Rechtsgebiet nicht geläufig ist, ein wenig klares Bild. Eine gedrängte Darstellung der Rechtsgrundsätze auf Grund der Rechtsprechung des Reichsgerichts dürfte daher einem Bedürfnis des Praktikers entsprechen.

II.
Begriff der arglistigen Täuschung und des Betrugs und die Beweislast.

Im allgemeinen ist zunächst zu bemerken, daß die Begriffe **arglistige Täuschung** und **Betrug**, gerade so wie der Anfechtungstatbestand nach dem Anfechtungsgesetz oder der Konkursordnung nicht ohne weiteres den Tatbestand einer unerlaubten Handlung erschöpft (RG. 74, 224), nicht gleichbedeutend sind.

Den Begriff der **arglistigen Täuschung** hat das Reichsgericht unter Verneinung einer allgemeinen Offenbarungspflicht (RG. 62, 149) dahin festgelegt:

Absichtliche Unterdrückung oder Vorspiegelung von Umständen im Bewußtsein von der Unwahrhaftigkeit des Verhaltens und des wenn auch nur möglichen Einflusses dieses Verhaltens auf die Willensentschließung des Vertragsgegners, dessen Irrtum erkannt wird. Der Verkäufer muß also z. B. bemerken, daß der Käufer den Mangel nicht sieht und dadurch in seiner Entschließung beeinflußt wird. Geht er von der Annahme aus, daß der Käufer auch bei Kenntnis des verschwiegenen Mangels das Anwesen erwerben werde, dann fehlt bei der Täuschung die Arglist. Das gleiche ist der Fall, wenn der Verkäufer glaubt, der Käufer kenne den verschwiegenen Fehler oder halte die unwahre Angabe ohnehin nur für nicht ernstlich gemeinte Anpreisungen. Es genügt nicht, wenn nach den allgemeinen Regeln des geschäftlichen Anstands und redlichen Verkehrs eine Offenbarungspflicht bestanden hat. In diesem Fall liegt nur Fahrlässigkeit vor. Es wird andererseits der Begriff der arglistigen oder betrügerischen Vorspiegelung nicht erfüllt durch reklamenhafte anpreisende unwahre Angaben, die erfahrungsgemäß als solche gemeint sind und aufgefaßt werden. Die Täuschung muß vielmehr als Mittel zum Zweck gewollt sein. Ein arglistiges Verschweigen kann auch schon dann gegeben sein, wenn der Verkäufer es nur für möglich hält, daß der in Betracht kommende Mangel vorhanden ist, seine hierüber bestehenden Mutmaßungen oder den bei ihm bestehenden Verdacht aber dem Käufer nicht mitteilt. (Warneyer 1912 Nr. 300; 1915 Nr. 110, 240; 1918 Nr. 186.) Nach der Rechtsprechung des Reichsgerichts ist der Verkäufer insbesondere verpflichtet, nicht nur von dem ihm bekannten Vorhandensein des Schwammes, sondern auch von dem **Vorhandengewesensein** („Schwammverdacht" im objektiven Sinn) dem Käufer Mitteilung zu machen (Warneyer 1915 Nr. 110; LZ. 1919, 639). Denn daß der Käufer auf die mängelfreie, nicht schwammverdächtige Beschaffenheit des Grundstücks (im objektiven Sinne s. Warneyer 1914 Nr. 297) Gewicht legt, ist regelmäßig anzunehmen. Insbesondere ist dies der Fall, wenn er vor den Kaufsunterhandlungen mit Rücksicht auf die Beschaffenheit der Gebäulichkeiten die Besorgnis geäußert, es könnte Hausschwamm vorhanden sein und deshalb im Bestreben, die Wahrheit zu erfahren, nach dem Vorhandensein von Hausschwamm ausdrücklich gefragt hat. Verschweigt ihm der Verkäufer den ihm bekannten Verdacht, daß der früher vorhandene, aber beseitigte Hausschwamm einmal wieder auftreten könne, dann verübt er arglistige Täuschung. Im Verkehr wird dies z. B. praktisch werden, wenn zur Beseitigung des Hausschwammes vom Eigentümer, um die Kosten zu vermindern, nicht die vollwirksamen Vorkehrungen getroffen worden sind und er deshalb von Sachverständigen darüber belehrt worden ist, daß der Hausschwamm sich möglicherweise wieder einstellen könne. Wenn aber die Arbeiten die Annahme der **endgültigen** Beseitigung rechtfertigen und in der betreffenden Gegend die Überzeugung von der Richtigkeit des wissenschaftlichen Standpunkts, daß Schwamm endgültig beseitigt werden kann, derart allgemein ist, daß man aus der Tatsache allein, daß Schwamm einmal vorhanden war, nicht einen Minderwert des Gebäudes folgert, dann bildet das Verschweigen des Vorhandengewesenseins nicht eine arglistige Täuschung.

Auch die „**Trockenfäule**" bildet, obwohl sie sich für die Dauer beseitigen läßt, unter Umständen sogar mit der Folge, daß ein merkantiler Minderwert nicht zurückbleibt, nach der Verkehrsauffassung *regelmäßig* einen *erheblichen* Mangel, jedenfalls dann, wenn der *Umfang* ein *erheblicher* ist. Durch die Behauptung, er sei davon überzeugt gewesen, daß die Trockenfäule dauernd beseitigt werden könne, er habe daher den Pilz nicht für einen der Anzeige bedürftigen Zustand des Hauses gehalten, kann sich der Verkäufer daher gegenüber dem

Vorwurf der arglistigen Täuschung nicht entlasten. Sicher in dem Fall nicht, in dem er mit Rücksicht auf den Umfang der Trockenfäule mindestens mutmaßen mußte, daß sie für die Entschließung des Käufers von wesentlicher Bedeutung sein könne.

Daraus folgt, daß wenn es sich bei dem Mangel nicht nur um „Trockenfäule", sondern um den eigentlichen Hausschwamm oder um objektive Schwammverdächtigkeit handelt, der Verkäufer seiner zivilrechtlichen Haftung nicht durch die Behauptung, er habe den Pilz für „Trockenfäule" gehalten, entgehen kann. Denn er müßte ja auch im Falle der „Trockenfäule" haften. (LZ. 1919, 791; Warneyer 1919 Nr. 30, 31 und Enneccerus BR. Bd. II 2, § 331 Anm. 5; LZ. 1920, 887.)[1])

Ist dem Vertragsgegner Gelegenheit gegeben worden, das Grundstück eingehend zu besichtigen, so darf der Verkäufer annehmen, daß er sich ein selbständiges Urteil über das Vorhandensein der in Rede stehenden Eigenschaften gemacht hat. In diesem Falle kann es sich daher nicht um arglistige Täuschung, sondern höchstens um Irrtum handeln (Warneyer 1915 Nr. 197). Auch das Verschweigen der erfolgten Kündigung einer Hypothek stellt dann keine Arglist dar, wenn es sich um eine sichere, z. B. erste und kurzfristig kündbare Hypothek handelt, die ohnehin bald nach der Erstehung des Grundstücks hätte gekündigt werden können, vorausgesetzt, daß die Hypothekssumme sich in den Grenzen hält, daß nach den Verhältnissen auf dem Geldmarkt das Hypothekkapital leicht und alsbald anderweitig beschafft werden kann.

Die arglistige Täuschung ist nicht gleichbedeutend mit sittenwidriger Vermögensbeschädigung (§ 826 BGB.) und mit dem Betrug (§ 823 Abs. II BGB., § 263 StGB.).

Die arglistige Täuschung wird zwar regelmäßig als sittenwidrige Handlung aufzufassen sein, allein zum Tatbestand des § 826 BGB. gehört noch eine **gewollte Vermögensbeschädigung.** Noch mehr verlangt § 263 StGB., wo durch täuschendes Verhalten in der **Absicht**, sich einen **rechtswidrigen Vermögensvorteil** zu verschaffen, die **Vermögensbeschädigung** gewollt ist. Bei der Entscheidung der Frage, ob durch die arglistige Täuschung eine Vermögensbeschädigung herbeigeführt worden ist oder nicht, kommt es zunächst darauf an, wie der Vermögensstand des Getäuschten vor und nach der auf Grund der Täuschung vorgenommenen Vermögensverfügung war. Daneben sind aber auch die persönlichen Verhältnisse des Getäuschten zu berücksichtigen, so daß, ob-

[1]) Bezüglich der Bedeutung des Hausschwamms (merulius lacrimans) und der Trockenfäule (polyporus vaporarius) im Immobilienverkehr siehe im einzelnen Mez, Neue Reichsgerichtsentscheidungen in der Hausschwammfrage (Zugabe zur JW. 1919). In dieser Abhandlung wird die Gleichstellung von Hausschwamm und Trockenfäule bekämpft und die Ansicht vertreten, daß Hausschwamm nur dann vorliegt, wenn er entwicklungsfähig ist, d. h. Hausschwammspuren nachgewiesen sind.

wohl das erworbene Grundstück oder die Hypothek einen den Leistungen des Erwerbers entsprechenden objektiven Verkehrswert hat, eine Vermögensbeschädigung auch dann gegeben ist, wenn der Erwerber nach seinen besonderen Verhältnissen oder der besonderen Beschaffenheit des Erworbenen außerstande ist, den Gegenstand zu einem dem Verkehrswert entsprechenden Preis alsbald weiter zu veräußern und dadurch den fehlenden Ausgleich in seinem Vermögen herbeizuführen (LZ. 1917, 327).

Regelmäßig wird bei arglistiger Täuschung festgestellt werden können, daß der Getäuschte in diesem Sinne an seinem Vermögen geschädigt ist. Erfahrungsgemäß können Grundstücke und Hypotheken nicht alsbald wieder an den Mann gebracht werden. Man denke z. B. an den Kauf einer Villa oder einer nicht vollständig sicheren Hypothek, überhaupt an Erwerbsgeschäfte eines Privatmanns. Führt dagegen die Vergleichung der ausgetauschten Werte zu dem Ergebnis, daß eine Vermögensbeschädigung nicht vorliegt, z. B. das Anwesen ist wegen des verschwiegenen Mangels zwar mit Ausbesserungskosten belastet, der bewilligte Kaufpreis ist aber gegenüber dem objektiven Verkehrswert des Anwesens so gering, daß der Unterschied durch die Reparaturkosten nicht aufgezehrt wird (RG. 83, 246; 103, 154), oder läßt sich nicht feststellen, daß der Täuschende die Vermögensbeschädigung in seinem Willen aufgenommen hat, dann ist trotz der arglistigen Täuschung weder der Tatbestand des § 826 BGB. noch der der §§ 823 Abs. II BGB., 263ff. StGB. gegeben. Der Tatbestand der §§ 823 Abs. II BGB., 263 StGB. entfällt aber auch dann, wenn nur arglistiges Verschweigen vorliegt und der Täuschende zwar das Verschweigen dazu benützt hat, um im Streben nach einem rechtswidrigen Vermögensvorteil das Vermögen eines anderen zu schädigen, dieses Verschweigen aber nicht rechtswidrig im Sinne des § 263 StGB. war. Rechtswidrig im Sinne des strafbaren Betrugs ist das Verschweigen nach der Rechtsprechung des Reichsgerichts nämlich nur dann, wenn eine besondere Verpflichtung zur Offenbarung besteht z. B. auf Grund Gesetzes oder Vertrags oder mit dem arglistigen Verschweigen positiv täuschende Handlungen verbunden sind. Eine allgemeine Offenbarungspflicht besteht auch hier nicht.

Die Entscheidung dieser bei der arglistigen Täuschung in erster Linie aufzuwerfenden Vorfrage kann daher dahin zu treffen sein, daß nur arglistige Täuschung im Sinne des bürgerlichen Rechts, sog. zivilrechtlicher Betrug gegeben ist, und zwar ohne oder mit Vermögensbeschädigung. Das letztere ist dann anzunehmen, wenn der Täuschende die objektiv gegebene Vermögensbeschädigung nicht in seinen Willen aufgenommen hat. Sie kann auch dazu führen, daß zivilrechtlicher Betrug und der Tatbestand des § 826 BGB. gegeben sind. Dies wäre beispielsweise dann der Fall, wenn täuschendes Verhalten, Sittenwidrigkeit und gewollte

Vermögensbeschädigung gegeben sind, der angestrebte Vermögensvorteil jedoch objektiv oder doch subjektiv berechtigt war. Endlich kann so zu entscheiden sein, daß der Täuschende sich zivil- und strafrechtlich verantwortlich gemacht hat.

Häufig wird bei arglistiger Täuschung eine Fahrlässigkeit des Getäuschten vorliegen, so daß die Anwendung des § 254 BGB. in Frage kommt. Die Abwägung muß jedoch regelmäßig dazu führen, daß die Fahrlässigkeit gegenüber der Arglist im Sinne der Verursachung geringwertig ist, so daß die Fahrlässigkeit des Getäuschten schwerlich praktische Bedeutung haben wird.

Die **Beweislast** bezüglich der arglistigen Täuschung hat der, welcher die Täuschung behauptet. Soll die arglistige Täuschung in einem Verschweigen enthalten sein, so muß derjenige, der dies behauptet, wenn der Gegner vorbringt, bei einer bestimmten Gelegenheit die gebotene Mitteilung gemacht zu haben, diese Behauptung widerlegen. Denn eine solche Behauptung bildet ein qualifiziertes Leugnen des Klagegrundes.

Die Anforderungen an diesen Beweis der Negative dürfen jedoch nicht zu hoch gestellt werden. Denn sonst kann unter Umständen der Beweis überhaupt nicht erbracht werden. Das Reichsgericht läßt in diesem Fall die Grundsätze über den „prima facie" Beweis eingreifen, so daß wenn der Sachverhalt ein derartiger ist, daß die Lebenserfahrung und die begleitenden Umstände dafür sprechen, daß ein „Verschweigen" beim Vertragsschluß unterlaufen ist, der deswegen verantwortlich gemachte Vertragsgegner für die Positive, d. i. die Erfüllung der Offenbarungspflicht beweispflichtig ist. —

Diese Grundsätze gelten für alle Leistungsansprüche, die auf Grund arglistiger Täuschung erhoben werden.

Wenn die Feststellungsklage erhoben wird, so ist die Beweislastfrage in gleicher Weise zu beantworten, wenn der Getäuschte die negative Feststellungsklage erhebt. Es ändert sich aber an der Beweislast auch dann nichts, wenn der Vertragsgegner dem, der die Täuschung behauptet, mit der positiven Feststellungsklage zuvorkommt und dadurch den Gegner in die Rolle des Beklagten drängt. Trotzdem bleibt der Beklagte im Sinne der Beweislast der Angreifer. (LZ. 1919, 317, 319.)

Auf die Ansprüche aus arglistiger Täuschung kann ausdrücklich und stillschweigend verzichtet werden. Einer Form bedarf der **Verzicht** nicht; er muß jedoch vom Gegner angenommen werden. In der Erklärung, die Verpflichtungen aus dem Kaufvertrag erfüllen zu wollen und in der Berufung des Gegners auf diese Erklärung ist ein stillschweigender Verzichtsvertrag enthalten (RG. 72, 171; LZ. 1917, 1171). Dagegen ist in dem mißlungenen Versuch des betrogenen Käufers, das Grundstück an einen Dritten unter arglistiger Täuschung weiter zu verkaufen, regelmäßig ein

Verzicht auf die aus der arglistigen Täuschung erworbenen Rechte nicht zu erblicken. (Recht 1917 Nr. 369.)

Liegt ein Verzicht nicht vor, dann gestaltet sich die Rechtslage im einzelnen folgendermaßen:

Die Rechtsbehelfe, die bei dem Betrug in Frage kommen, sind

1. die **Anfechtung**, §§ 123, 124, 142—144 BGB.,
2. die **Gewährleistungsansprüche**, §§ 454, 463 BGB.[1]),
3. **der vertragsmäßige Schadensersatzanspruch** nach § 440 BGB.,
4. der **Schadensersatzanspruch auf Grund unerlaubter Handlung**, §§ 823 II., 826 BGB.; § 263 RStGB.,

wobei, wie noch erörtert werden wird, in bestimmten Fällen ein Rechtsbehelf den anderen ausschließt oder mehrere Rechtsbehelfe zu gleicher Zeit geltend gemacht werden können und unter Umständen auch geltend gemacht werden müssen. —

Die Entscheidung darüber, welchen Rechtsbehelfs man sich bedienen will, ist je nach Lage des Falls auf Grund tatsächlicher rechtlicher und wirtschaftlicher Erwägungen zu treffen. Es werden hierbei in Frage kommen die Interessen des Verkäufers oder Käufers an der Aufrechterhaltung oder Aufhebung des Vertrags, die wirtschaftlichen Verhältnisse des Vertragsgegners, die Entscheidung der Vorfrage, ob in dem Verhalten des Vertragsgegners nur zivilrechtlicher oder auch strafrechtlicher Betrug zu erblicken ist, ob mehrere Vertragsgegner vorhanden sind und ob und wie sich diese am Betrug beteiligt haben, ob auch dritte Personen bei dem Vertrag in betrügerischer Weise mitgewirkt haben, mitunter auch prozeßpolitische Erwägungen. So werden die vorhandene Beschränkung der Ersatzforderung, die Pflicht zum Ersatz von Nutzungen, die beschränkte Erstattungspflicht von Aufwendungen, sowie eine Wertssteigerung, die das Grundstück inzwischen erfahren hat, regelmäßig für den Käufer ein Motiv bilden, von der Anfechtung oder Wandlung abzustehen und an ihre Stelle die Schadensersatzklage oder Kaufpreisminderungsklage zu erhaben.

Da, wie nachstehend erörtert wird, die verschiedenen Rechtsbehelfe in ihrem Wesen, ihren Voraussetzungen und ihren Zielen grundsätzlich verschieden sind, insbesondere auch die einmal getroffene Wahl unter Umständen unabänderlich ist, z. B. bei der Anfechtung und den Gewährleistungsansprüchen nach § 463 BGB., ist es angezeigt, bei der Auswahl mit ganz besonderer Vorsicht in der Behandlung der Rechtsfrage vorzugehen, um unangenehme Überraschungen im Prozeß zu vermeiden, insbesondere nicht den Weg der Klagsänderung, der unter Umständen vom

---

[1]) Neben den Gewährleistungsansprüchen kann, wenn es sich um einen zur Zeit des Kaufs vorhandenen Sachmangel handelt, die Einrede des nicht erfüllten Vertrags § 320 BGB. nicht Platz greifen. Denn das verkaufte Grundstück ist nur in dem derzeitigen Zustand geschuldet. Fehlerfreie Übereignung ist nicht unmittelbarer Vertragsinhalt. Ehrenberg, Handbuch des ges. HdR. Bd. IV, 2 § 435 Anm. 3.

Gericht nicht zugelassen wird, oder dem Einwand der örtlichen Unzuständigkeit (z. B. beim Übergang von der Wandlungs- zur Minderungsklage) begegnet, beschreiten zu müssen. Erfolgt die Entscheidung hinsichtlich des zu benützenden Rechtsbehelfs mit der gebotenen Gründlichkeit unter Beachtung der Rechtslage bei den verschiedenen Rechtsbehelfen, dann wird es wohl regelmäßig vermieden werden, daß Klagen erhoben werden, die in der Begründung und in dem Klagsantrag von Haus aus verfehlt und widersprechend sind.

Bei der Prüfung, von welchem Rechtsbehelf Gebrauch gemacht werden soll, ist auch zu berücksichtigen, daß die Anfechtung im Gegensatz zur Wandlung in den Grenzen des § 142 II. BGB. dinglich, also auch gegen Dritte wirkt, anderseits als solches Schadensersatzansprüche nicht auslöst, sondern mit Ersatzklagen gestützt werden muß, einer kurzen Ausschlußfrist (1 Jahr) unterliegt und nach Ablauf dieser Frist das Erfüllungsverweigerungsrecht des § 853 BGB. nicht Platz greift.

In diesem Zusammenhang ist auch darauf hinzuweisen, daß die folgenden Ausführungen zwar in erster Linie beim Immobilienkauf praktisch werden, daß aber ihre entsprechende Anwendung auch bei **anderen Vertragsformen wie Tausch, Einbringung in eine Gesellschaft** (Personal- oder Kapitalsgesellschaft),[1]), **Hingabe an Zahlungs Statt** und **vergleichsweise Übertragung** eines Grundstücks, es müßte denn sein, daß man sich gerade wegen des Grundstücks verglichen hat, in Frage kommen können. (§§ 445, 493, 515 BGB.) —

Die erwähnten Rechtsbehelfe kommen auch dann zur Anwendung, wenn der Grundstücksvertrag im Ausland oder zwischen zwei Ausländern oder mit einem Ausländer geschlossen wird. Nach den Grundsätzen des zwischenstaatlichen Privatrechts unterstehen schuldrechtliche Verhältnisse dem Recht des Erfüllungsortes. Dieser ist im Immobilienverkehr der Ort des Grundstücks (S. 269 BGB.; RG. 95, 164). Es sind also die Rechtsfolgen bezüglich eines im **Deutschen Reich** liegenden Grundstücks grundsätzlich nach BGB. zu beurteilen. —

Behauptet der Vertragsgegner, daß er betrogen worden sei und geht er mit den ihm zur Verfügung stehenden Rechtsbehelfen nicht vor, dann kann im Wege der negativen Feststellungsklage (§ 256 ZPO.) urteilsmäßig festgestellt werden, daß ein Betrug nicht verübt worden ist und dem Beklagten daher das Anfechtungsrecht und Schadensersatzansprüche nicht zustehen. Hat der Verkäufer die Klage auf Bezahlung des Kaufpreises erhoben und verweigert der Käufer die Bezahlung des Kaufpreises mit der Anfechtungseinrede[2]) und macht er gleichzeitig oder ohne Anfechtung Schadens-

---

[1]) Dabei ist aber „Illations- und Uebernahmevertrag" auseinander zu halten, s. Staub, HGB. Anm. zu § 186 u. G m. b. H. G. § 5, 27, § 34, 18.

[2]) Die Anfechtungseinrede ist ihrem Wesen nach nicht Einrede im materiellen, sondern im prozessualen Sinn (Einwendung!).

ersatzansprüche, im letzteren Fall aufrechnungsweise geltend, so kann der Kläger im Wege der Erweiterung des Klagsantrags gleichzeitig feststellen lassen, daß der Vertrag nicht anfechtbar ist und dem Beklagten Entschädigungsansprüche auf Grund des behaupteten Betrugs nicht zustehen (§ 280 ZPO.). Diesen Weg wird er zweckmäßigerweise dann beschreiten, wenn der Beklagte von seinen angeblichen Gegenforderungen nur einen Teil als Aufrechnungsposten in den Prozeß einführt und erklärt, sich die Geltendmachung weiterer Ansprüche auf Grund des Betrugs vorzubehalten. Der Kläger kann aber auch eine selbständige Feststellungsklage mit dem Antrag erheben, daß der Beklagte auch insoweit Schadensersatzansprüche nicht hat, als nicht in dem anhängigen Prozeß darüber entschieden wird (§ 322 ZPO.). Das Interesse an der Erhebung dieser selbständigen Feststellungsklage kann ihm nicht deshalb abgesprochen werden, weil er im anhängigen Leistungsprozeß den Klagsantrag wie erwähnt erweitern könnte. Denn dieser Inzidentfeststellungsklage kann der Beklagte dadurch, daß er die behaupteten Schadensersatzansprüche, wenn er sie nur aufrechnungs- und nicht widerklagsweise geltend gemacht hat, im Prozesse fallen läßt und beispielsweise erklären würde, die Schadensersatzfrage in einem gesonderten Prozeß austragen zu wollen, den Boden entziehen. Dazu kommt, daß die Inzidentfeststellungsklage vom Kläger nicht erhoben werden muß, sondern nur erhoben werden kann.

III.

Die Anfechtung.

Läßt sich die arglistige Täuschung in dem oben erwähnten Sinne feststellen, dann kann in besonders gelagerten Fällen der durch arglistige Täuschung herbeigeführte Vertrag ohne weiteres nichtig sein. Das Reichsgericht hat dies für die Fälle ausgesprochen, in denen die arglistige Täuschung mit Ausbeutung der erkannten geistigen Minderwertigkeit, der Notlage, des Leichtsinns und der Unerfahrenheit des Vertragsgegners verbunden ist (RG. 67, 393; 72, 68; LZ. 1916, 1130).

Regelmäßig bedarf es, um die Nichtigkeit des Vertrags herbeizuführen, der **Anfechtung** (§§ 123, 124, 142, 144 BGB.). Diese setzt im Gegensatz zu den Gewährleistungsansprüchen wegen arglistiger Täuschung (§ 463 BGB.), die nach dem Standpunkt des Reichsgerichts vom getäuschten Käufer wahlweise geltend gemacht werden können[1]), voraus, daß der Anfechtende die **ursächliche Wirkung** der arglistigen Täuschung auf den Vertragsschluß nachweist (RG. 55, 210). Der Anfechtungsgegner kann sich nicht darauf berufen, daß der Getäuschte bei gehöriger Aufmerksamkeit die Un-

---

[1]) S. RG. 61, 85; 65, 399; 66, 153, 337; 70, 427; 72, 133; 96, 157.

wahrheit der gemachten Angaben hätte erkennen können. Denn Fahrlässigkeit des Getäuschten, sei es leichte, sei es grobe, schließt die Anfechtungsmöglichkeit nicht aus (RG. 69, 281; 76, 323; JW. 1912, 69; Warneyer 1911, 64; 1915, 275). Die Anfechtung ist aber dann nicht mehr möglich, wenn die Ausschlußfrist § 124 II BGB. abgelaufen oder vor erfolgter Anfechtung ausdrücklich oder stillschweigend auf die Anfechtung verzichtet worden ist, wenn z. B. der Getäuschte in Kenntnis der Täuschung das mangelhafte Grundstück annimmt, oder nach erfolgter Kenntnis von der Täuschung bauliche Veränderungen vornimmt, oder Ansprüche aus dem Vertrag, z. B. Gewährleistungsansprüche geltend macht. In diesen Fällen ist eine **Bestätigung** des Vertrags anzunehmen (§ 144 BGB., RG. 74, 1; 104, 1). Dagegen sind die Tatsachen, daß das Grundstück freiwillig oder im Wege der Zwangsversteigerung veräußert oder die Unmöglichkeit der Rückgabe vom Käufer verschuldet worden ist, für das Anfechtungsrecht im Gegensatz zur Wandlung grundsätzlich ohne Bedeutung (Warneyer 1910, 315, 406; 1913, 190). Die Unmöglichkeit der Zurückgabe des Grundstücks steht daher der Anfechtung nicht im Wege. Auch die erfolgte Anfechtung, z. B. der Anfechtungsprozeß ist schon anhängig, kann die Veräußerung des Grundstücks durch den arglistig getäuschten Käufer nicht hindern. Denn insolange sich der Anfechtungsgegner der Anfechtung nicht gefügt und zur Zurücknahme des Kaufsobjekts bereit erklärt hat, braucht der Anfechtungsberechtigte seiner Pflicht zur Zurückgabe des Kaufsobjekts nur derart Rechnung zu tragen, daß er das Grundstück verwaltet und die Kosten der Verwaltung auf sich nimmt. Die Veräußerung während des Anfechtungsprozesses berührt daher in gleicher Weise wie die vor der Anfechtung den Anfechtungsanspruch und damit auch den Anfechtungsprozeß nicht (RG. 101, 389)[1]).

Eine andere Frage ist die, ob der getäuschte Käufer, wenn er das Grundstück weiter veräußert hat, nicht unter Umständen von dem ihm an und für sich zustehenden Anfechtungsrecht Abstand nehmen wird, bzw. wegen der Rechtsbeziehungen zu seinem Käufer Abstand nehmen muß, wenn er sich nicht schadensersatzpflichtig machen will. Hat der Getäuschte bereits zur Zeit des Weiterverkaufs Kenntnis von der Anfechtungsmöglichkeit, so wird regelmäßig anzunehmen sein, daß er sich seinem Käufer gegenüber, jedenfalls dann, wenn auch dieser die Anfechtbarkeit kannte, vertraglich verpflichtet hate, die Anfechtung zu unterlassen (§§ 133, 157, 242 BGB.). —

Erfährt der Getäuschte erst nach dem Weiterverkauf die Anfechtungsmöglichkeit und ist noch nicht aufgelassen, so würde er sich durch die Anfechtung vor der Auflassung an seinen Käufer schuld-

[1]) Über die Bedeutung, welche die Unmöglichkeit der Zurückgabe des Grundstücks bei der nach der Anfechtung vorzunehmenden Vermögensauseinandersetzung (§§ 142, 812, 818, 819 BGB.) hat, vergleiche S. 50.

haft in die Unmöglichkeit versetzen, den Kaufvertrag zu erfüllen und schadensersatzpflichtig werden (§§ 440, 325 BGB.).

Ist dagegen zur Zeit der Erlangung der Kenntnis bereits dem Käufer aufgelassen und dieser zur Zeit der Auflassung gutgläubig gewesen, so berührt die Anfechtung seine Rechtsstellung nicht (Umkehrschluß aus § 142 II BGB.), so daß der Getäuschte durch das Rechtsverhältnis zu seinem Käufer nicht gehindert ist, von der Anfechtung Gebrauch zu machen [1]).

Auch dann ist die Anfechtung noch möglich, wenn das Grundstück umgeschrieben oder übergeben ist und wegen Sachmängel oder Fehlens vorgetäuschter Eigenschaften Gewährleistung verlangt werden könnte. Das Reichsgericht vertritt zwar anscheinend ganz allgemein die Ansicht, daß die Gewährleistungsvorschriften als Sondervorschriften den allgemeinen Anfechtungsvorschriften vorgehen (RG. 70, 423; LZ. 1917, 1180). Diese Ansicht wird jedoch mit Recht vom Komm. d. RGR. Anm. 1 S. 459 BGB. und Enneccerus, Bürg. Recht § 164 Anm. 3 bekämpft. Denn es handelt sich bei der Anfechtung und Gewährleistung um hinsichtlich der Voraussetzungen und Wirkungen ganz verschiedene Rechtsbehelfe. **Es gilt daher der Rechtssatz, daß die Möglichkeit der Wandlung die Anfechtung wegen arglistiger Täuschung nicht ausschließt.** Auf diesem Standpunkt steht auch überwiegend das Schrifttum, s. auch RG. 96, 156.

Für die Anfechtung, die eine einseitige empfangsbedürftige Willenserklärung ist, genügt jede deutliche, ausdrückliche oder stillschweigende schlüssige Kundgebung des Willens, daß der Erklärende das früher Erklärte wegen des behaupteten Willensmangels nicht mehr gelten lassen will, der Vertrag mithin unwirksam sein soll (RG. 65, 86). Die Erklärung, daß es gerade wegen arglistiger Täuschung unwirksam sei, ist nicht erforderlich. Die Anfechtungserklärung muß aber *unbedingt* erfolgen, denn das Wesen der Anfechtung ist der Bedingung feindlich (RG. 66, 153).

Erklärungen, daß der Kaufvertrag angefochten sein solle, wenn der Verkäufer die Mängel nicht beseitige oder dafür Sorge trage, daß die vorgespiegelten Miet- oder Pachterträgnisse tatsächlich eingehen, sind daher rechtlich bedeutungslos. Denn der Anfechtungswille ist nicht definitiv erklärt.

Auch die Rücktrittserklärung nach § 326 BGB. ist für die Anfechtung nicht verwertbar, da sie als Anfechtungserklärung nicht umgedeutet werden kann (Recht 1918 Nr. 6; JW. 1923, 43).

Hat der Verkäufer die Kaufpreisforderung **abgetreten**, so ist die Anfechtung nicht gegenüber dem Abtretungsempfänger, sondern gegenüber dem Verkäufer zu erklären (RG. 86, 305). —

Der **Bürge** kann das dem Hauptschuldner zustehende Anfechtungsrecht nicht kraft eigenen Rechts oder im Namen des

[1]) Siehe zu dieser Frage auch Recht 1919, 290.

Hauptschuldners ausüben. Solange aber ein solches Anfechtungsrecht besteht, kann er die **Befriedigung** des Gläubigers **verweigern**, da ihm billigerweise eine Zahlung ins Ungewisse nicht zugemutet werden soll (§ 770 I BGB.).

Die Anfechtungserklärung ist dem Vertragsgegner gegenüber abzugeben, dem gegenüber die Rechtsunwirksamkeit des Vertrags geltend gemacht werden will (§ 143 I BGB.). Der Vertragsgegner ist auch dann noch die richtige Adresse, wenn er die Ansprüche aus dem Kaufvertrag (Kaufpreisforderung, Auflassungsanspruch) an einen Dritten abgetreten hat. In solchen Fällen sind daher die dem Abtretungsempfänger gegenüber erfolgten Anfechtungserklärungen rechtlich bedeutungslos. Ist sie dem oder den Erben gegenüber erfolgt, so behält sie trotz der nachträglichen Ausschlagung der Erbschaft ihre rechtliche Wirkung (§ 1959 III BGB.). —

Gegenüber einem gewillkürten Vertreter, z. B. einem Bevollmächtigten, der den Kaufvertrag abgeschlossen hat, kann sie nur dann erklärt werden, wenn sich die Vollmacht auch auf die Entgegennahme einer Anfechtungserklärung erstreckt.

Dagegen ist der gesetzliche Vertreter zur Entgegennahme berechtigt. Besteht in diesem Falle Gesamtvertretung, z. B. bei einer Aktiengesellschaft oder G. m. b. H., dann genügt es, daß die Anfechtungserklärung gegenüber *einem* der mehreren Vertreter (Vorstandsmitglied, Geschäftsführer) oder einem Prokuristen abgegeben wird (§ 232 I S. 3 II HGB.; §§ 35—44 Gesetz betr. d. G. m. b. H.).

Will gegenüber einer offenen Handelsgesellschaft oder Kommanditgesellschaft angefochten werden, so gilt dieser Grundsatz entsprechend, es sei denn daß der Getäuschte nicht mit der *Gesellschaft* als solcher, sondern mit den *einzelnen* Gesellschaftern den Vertrag abgeschlossen hat. Er ist z. B. durch die Täuschung zum Eintritt in die Gesellschaft unter Einbringung eines Grundstücks veranlaßt worden. In diesem Fall kann nicht gegenüber der Gesellschaft als solcher und damit gegenüber den vertretungsberechtigten Gesellschaftern, sondern nur den *einzelnen* Gesellschaftern, mithin auch einem nicht vertretungsberechtigten Gesellschafter gegenüber angefochten werden, da der Aufnahmevertrag nicht im Rahmen der §§ 125, 126 HGB. liegt (RG. 52, 161; 91, 412.

Die Anfechtungserklärung kann im Prozeß auch in einem vorbereitenden Schriftsatz abgegeben werden, obwohl ein solcher in prozessualer Beziehung nicht als definitive Erklärung anzusehen ist.

Die Prozeßvollmacht ermächtigt zur Abgabe und Entgegennahme der Anfechtungserklärung soweit die Anfechtung mit der Rechtsverfolgung oder Rechtsverteidigung, für welche Prozeßvollmacht erteilt ist, zusammenhängt (RG. 63, 412). Die Anfechtungserklärung durch oder gegen einen nicht berufenen Vertreter ist, weil sie eine empfangsbedürftige Willenserklärung bildet, genehmigungsfähig. Der Anfechtungsgegner oder der Anfechtungserklärende kann jedoch, wenn ihm der Mangel der Vertretungsmacht unbekannt war, die Anfechtungserklärung bis zur Genehmigung zurückweisen bzw. widerrufen. Hat dagegen der Empfänger der Anfechtungserklärung die vom Vertreter behauptete Vertretungsmacht nicht unverzüglich beanstandet oder war er mit dem Handeln ohne Vertretungsmacht einverstanden, so steht ihm dieses Zurückweisungsrecht nicht zu, wie umgekehrt der Anfechtungserklärende, wenn ihm das Fehlen der Vertretungsmacht des mit der Anfechtungserklärung Bedachten zur Zeit der Abgabe der Anfechtungserklärung bekannt war, die Anfechtung nicht widerrufen kann (§§ 177, 178, 180 S. 2, 3 BGB.). —

Beim **gesetzlichen Güterstand** (§§ 1363 ff. BGB.) kann der Ehemann das zum eingebrachten Vermögen der Ehefrau gehörende Anfechtungsrecht selbständig gemäß § 1380 BGB. ausüben. Zur Entgegennahme der Anfechtung ist er aber nicht passiv legitimiert (Sächs. Arch. Bd. 10, 499). —

Die Ehefrau bedarf zu der Anfechtung der Einwilligung des Ehemannes (§ 142 BGB.). Denn das Gestaltungsgeschäft der Anfechtung begründet nicht nur ein Recht der Ehefrau, sondern es wirkt auch verpflichtend, ist also gemischter Natur, weshalb es nicht unter § 1398 BGB., sondern unter § 1399 BGB. fällt. Die Zustimmung kann vorher oder nachher erklärt werden (§§ 182, 183, 184 BGB.).

Mit der Wirksamkeit der Anfechtung tritt die Nichtigkeit des Vertrags ein (§ 142 BGB.). Die Nichtigkeit tritt jedoch nicht schon durch die formale Anfechtungserklärung ein, sondern nur dann, wenn die gesetzlichen **sachlichen** Voraussetzungen gegeben sind, unter denen angefochten werden kann (Warneyer 1917, 116)[1]. Diese Wirksamkeit kann nicht durch einseitige Erklärung des Getäuschten wieder beseitigt werden, sondern nur mit Zustimmung des Gegners.

Die Tatsache, daß das Grundstück nach erfolgter Anfechtung fortbenützt wird, schließt mithin die Wirkungen der erfolgten Anfechtung nicht aus, es müßte denn sein, daß aus dem Verhalten, z. B. Umbau mit Deutlichkeit auf den Willen, das Grundstück nunmehr definitiv zu behalten, geschlossen werden muß **und der Gegner damit einverstanden** ist.

Ist es nur zum Grundgeschäft (§ 313 BGB.) gekommen, so muß nach erfolgter Anfechtung, d. h. wenn der Anfechtungsgegner sich damit ausdrücklich einverstanden erklärt hat, oder wenn er dazu rechtskräftig verurteilt worden ist, das Grundgeschäft wieder

---

[1]) Wird dies, was häufig der Fall ist, im Prozeßweg durch Urteil festgestellt, so hat das Urteil nur deklaratorische, also nicht rechtsgestaltende oder konstitutive Bedeutung — s. hiezu S. 25.

neu geschlossen werden. Wenn aber das Grundstück nach erfolgter Anfechtung des Grundgeschäftes **aufgelassen wird**, so ist darin die Bestätigung des durch die Anfechtung nichtig gewordenen Kaufvertrags zu erblicken (RG. 74, 1; 77, 130; Seuff. Arch. 68 Nr. 4).

Ist einmal angefochten, so kann der Anfechtungsberechtigte nicht unter Aufrechterhaltung der die Anfechtung begründenden Tatsachen, statt die Anfechtung weiter zu betreiben, Ansprüche aus dem Vertrag geltend machen (RG. 71, 473; 74, 4; LZ. 1916, 1131; Seuff. Arch. 66 Nr. 114; 67, 105). Es kann also nicht gleichzeitig mit der Anfechtung Wandlung oder Kaufpreisminderung oder vertragsmäßiger Schadensersatz, sei es auf Grund der allgemeinen Bestimmung § 276 BGB., sei es auf Grund § 463 BGB. verlangt werden. Dagegen steht nichts im Wege, diese letzteren Ansprüche bedingt, d. i. für den Fall der Nichtbegründetheit der Anfechtung zu erheben. In diesem Fall muß das Gericht zuerst über sämtliche Nichtigkeitsgründe entscheiden, ehe es zur Gewährleistung Stellung nehmen kann (RG. 87, 259). Entschließt sich der Käufer dazu, die Gewährleistungsansprüche bedingt zu erheben, dann ist besondere Vorsicht geboten, weil die bezüglich der Gewährleistungsansprüche von ihm getroffene Wahl von einem bestimmten Zeitpunkt an bindend ist (siehe hiezu die Ausführungen bei der Gewährleistung).

Hat der Getäuschte nach erfolgter Anfechtung in, wie erörtert, unzulässiger Weise einen Antrag gestellt, der die Wirksamkeit des angefochtenen Geschäftes zur Voraussetzung hat, so ist daraus jedoch nicht die Zurücknahme oder die Wirkungslosigkeit der Anfechtungserklärung zu erblicken. Es ist vielmehr nur der gestellte neue Antrag grundlos, es müßte denn sein, daß ausreichende Anhaltspunkte dafür vorhanden sind, daß auf die Anfechtung verzichtet werden will (LZ. 1918, 1130).

Die Rückgabeverpflichtung des Betrügers tritt bei der Anfechtung im Gegensatz zur Wandlung, welche die sofortige beiderseitige Rückgabeverpflichtung auslöst, selbständig und an sich unabhängig von den Gegenansprüchen des Betrügers ein, so daß es dem letzteren überlassen bleiben muß, den Anspruch auf Rückersatz der von ihm gemachten Leistungen auch seinerseits zu erheben. Es kann dies eventuell noch in einem späteren selbständigen Prozeß geschehen (RG. 54, 140; 59, 94; 86, 346; Warneyer 1915, 304; 1918, 181).

Das Anfechtungsrecht ist im Gegensatz zum Rücktrittsrecht (§ 356 BGB.) **und zur Wandelung** (§ 467 BGB.) **teilbar**[1]) (Miteigentümer, Gesellschafter). Es kann daher nur einer der An-

[1]) Die in der Rechtslehre zum Teil vertretene Ansicht, daß eine gemeinsame Anfechtungserklärung aller und gegen alle erforderlich ist, ist daher abzulehnen.

fechtungsberechtigten Verkäufer oder Käufer die Anfechtung erklären und umgekehrt von sämtlichen Verkäufern oder Käufern nur einem der Vertragsgegner gegenüber das Anfechtungsrecht ausgeübt werden. Dies wird dann praktisch, wenn nur einer der Vertragsgegner (Miteigentümer, Gesellschafter) die arglistige Täuschung verübt hat oder getäuscht worden ist. Das in diesem Fall ergehende Urteil erzeugt nicht Rechtskraft gegenüber dem am Prozesse nicht teilnehmenden Vertragsgegner, da die Anfechtungsnichtigkeit ihrem Wesen nach nicht einheitliche Feststellung erfordert. Es kann daher das Urteil in einem späteren Prozeß nur die Bedeutung eines Beweismittels haben, aber auch nach § 139 BGB. von Belang sein, wenn nämlich anzunehmen ist, daß der Vertrag auch mit dem Vertragsgegner, der sich nicht an der Täuschung beteiligt hat, nicht geschlossen worden wäre. Es wird z. B. ein Anwesen, das im Miteigentum steht, gekauft und hiebei der Käufer, der nur ein Interesse an dem ganzen Anwesen hat, nur von einem getäuscht. Hier liegt ein einheitliches Geschäft vor, das materiellrechtlich nicht verschieden beurteilt werden kann.

Oder der Verkäufer wird nur von einem Käufer getäuscht, ohne daß sich der andere Käufer daran beteiligt und es ist anzunehmen, daß er mit diesem allein, z. B. der Ehefrau, den Kaufvertrag nicht abgeschlossen hätte. Hier kann, um Weiterungen zu vermeiden, auch der andere Käufer auf Rückauflassung bzw. Grundbuchberichtigung belangt werden. Die Verpflichtung hiezu ist aber nur mittelbar in der arglistigen Täuschung und unmittelbar in § 139 BGB. begründet (RG. 62, 184; 65, 399; 71, 202; 90, 330; 91, 413)[1]).

Ähnlich gelagert ist auch der Fall, daß es sich um den Kauf eines Geschäftes handelt, bei dem Hauseigentümer und Geschäftseigentümer verschiedene Personen sind und nur der eine, z. B. der Hauseigentümer, sich einer arglistigen Täuschung schuldig gemacht hat (Seuff. Arch. 67 Nr. 105). Ist in diesem Fall die Täuschung z. B. nur von dem Haus- oder Geschäftseigentümer verübt worden und stehen beide Erwerbsakte in untrennbarem Zusammenhang, so ergreift die auf Grund der Anfechtung herbeigeführte Nichtigkeit auch das Geschäft des Redlichen. In gleicher Weise wird zu entscheiden sein, wenn, wie dies im Krieg nicht selten vorgekommen ist, ein Landwirt in einem einheitlichen Akt seinen Hof an den A und sein schlagbares Holz und sein Vieh oder das sonstige Inventar an den B verkauft hat und hierbei nur von einem der beiden Käufer arglistig getäuscht worden ist.

Die erwähnten Rechtsgrundsätze können auch im Gesellschaftsrecht von Bedeutung sein.

---

[1]) v. Thur, Bd. I, 2 § 57 Anm. 71, vertritt die Ansicht, daß bei Vorhandensein mehrerer Vertragsgegner, von denen jedem gegenüber die Anfechtung begründet ist, auch jedem gegenüber angefochten werden muß. Dem Praktiker dürfte daher zu empfehlen sein, zur Sicherheit diesen Weg zu wählen.

Hat bei Abschluß eines Gesellschaftsvertrags ein Gesellschafter den anderen durch arglistige Täuschung zum Abschluß des Vertrags bestimmt, ohne daß die übrigen Gesellschafter an der Täuschung Anteil genommen oder sich daran beteiligt haben, so kann der getäuschte Gesellschafter seine mit der Einlage seines Grundstücks in die Gesellschaft verbundene Beteiligung auch den redlichen Gesellschaftern gegenüber anfechten. Denn diese sind nicht Dritte im Sinne des § 123 BGB., sondern Kontrahenten und müssen sich den Standpunkt des getäuschten Gesellschafters, daß der Vertrag als Gesellschaftsvertrag nur mit allen Gesellschaftern geschlossen werden wollte, daher von der Anfechtung im vollen Umfang ergriffen wird, gefallen lassen[1]).

Die erfolgte Anfechtung der Beteiligung kann aber nicht den Gläubigern entgegengehalten werden, es sei denn, daß sie von den die Anfechtung begründenden Tatsachen Kenntnis gehabt haben (Staub, HGB. § 123, Anm. 12).

Die Auseinandersetzung erfolgt in diesem Falle bei einer offenen Handelsgesellschaft nicht durch Liquidation, die eine rechtsbeständige Gesellschaft voraussetzt, sondern nach Maßgabe der §§ 751 ff. BGB.

In all den Fällen, in denen bei Beteiligung mehrerer am Rechtsgeschäft ein derartiger wirtschaftlicher und rechtlicher Zusammenhang vorliegt, kann die Anfechtung mit Wirksamkeit für das ganze Geschäft auch dem Redlichen gegenüber erklärt werden. Da diese Frage immerhin zweifelhaft ist, wird es sich jedoch empfehlen, diesen Weg nur ausnahmsweise, z. B. bei nicht bekanntem Aufenthalt des Betrügers, zu beschreiten.

Die Teilbarkeit des Anfechtungsrechts spielt auch dann eine Rolle, wenn nur ein Teil des Geschäftes der Nichtigkeit verfallen, der übrige Teil aber aufrecht erhalten werden soll. Man denke an den Fall, daß der Käufer eines landwirtschaftlichen Gutes mit Inventar nur den Kauf der landwirtschaftlichen Grundstücke oder der Verkäufer nur die Bestimmung, daß der Kaufpreis zum Teil durch Hypotheken oder Wertpapiere getilgt werden soll, anfechten und ersatzweise Barzahlung verlangen will.

Auch in diesen Fällen gibt § 139 BGB. Maß. Es ist nicht möglich, unter Aufrechterhaltung des Geschäftes im übrigen, aus einem innerlich zusammenhängenden Vertrag einen Teil herauszureißen und den Rest des Vertrags dem Geschäftsgegner als Vertrag aufzunötigen, obwohl er einen Vertrag mit dem Inhalt, wie ihn der Getäuschte durch die Anfechtung herbeiführen will, gar nicht gewollt hat. Es muß also bei Teilanfechtung festgestellt werden können, daß das Geschäft auch ohne den angefochtenen Teil abgeschlossen worden wäre. —

---

[1]) Vgl. Knocke, Gesellschaftsrecht in Fischer, Privat- und Zivilprozeßrecht Bd. VII.

Ist die arglistige Täuschung nicht durch den **Vertragsgegner** selbst, sondern durch einen **Dritten** verübt worden, der sich bei Abschluß des Vertrags beteiligt, so ist zu unterscheiden:

1. **ob dieser Dritte mit Vertretungsmacht** (§ 164 BGB.) **oder**
2. **ohne solche gehandelt hat.**

Im ersteren Falle ist der Vertreter nicht als Dritter im Sinne des § 123 Abs. II Satz 1 zu erachten, so daß die Anfechtung in der Richtung gegen den Vertretenen ohne weiteres zulässig ist. Denn der Vertreter hat den Betrug bei einer Tätigkeit verübt, die er im Auftrag und Interesse des Auftraggebers entwickelt hat[1]. —

Handelt dagegen der Dritte ohne Vertretungsmacht, so kann der Vertrag nur angefochten werden, wenn der Vertragsgegner die Unredlichkeit des Dritten kannte oder kennen mußte oder dem Betrug nachträglich zugestimmt hat (§ 123 Abs. II Satz 1; Recht 1918, 1089; RGRKomm. Anm. 4 § 123 BGB.; RG. 72, 133; 76, 107).

Aus einem **Auftragsverhältnis** folgt noch nicht, daß der Auftraggeber die Täuschung gegen sich gelten lassen muß. Die Anfechtung wegen der vom Beauftragten erfolgten Täuschung ist daher nicht ohne weiteres begründet. Andrerseits kann der Dritte auch *stillschweigend* bevollmächtigt sein. Dies ist z. B. anzunehmen, wenn der Verkäufer den Kaufliebhaber an den Vermittler mit dem Beifügen verweist, was dieser sage, solle gelten. (Warneyer 1909 Nr. 170, 1912 Nr. 198; JW. 1921, 392).

Diese Unterscheidung ist praktisch wichtig, wenn bei dem Grundstücks- oder Hypothekengeschäft **eine Bank, die als Hypothekgläubigerin an dem Anwesen interessiert ist, Immobilienhändler, Agenten** oder **Unterhändler** mitgewirkt haben. Auch dann ist sie zu beachten, wenn der **Konkursverwalter verkauft** und der Gemeinschuldner bei den Vertragverhandlungen arglistig täuschend mitgewirkt hat. Regelmäßig beschränkt sich die Tätigkeit dieser Personen auf die Vorbereitung des Vertrags, auf die Ermittlung eines Käufers und die Vermittlung des Vertrags. Der RGRKommentar nimmt an, daß sie „Dritte" sind, weshalb auf ihre Unredlichkeiten die Anfechtung gegen den Vertragsgegner nicht gestützt werden kann. Zu dieser Allgemeinheit wird diesem Standpunkt nicht zugestimmt werden können. Andererseits wird man aber zu weit gehen, wenn man dem Getäuschten zugesteht, die Unredlichkeiten solcher Mittelspersonen ausnahmslos für die Anfechtung des Vertrags zu verwerten.

Es wird wohl darauf anzukommen haben, wie die Mittelsperson an dem Geschäftsabschluß tatsächlich und wirtschaftlich teilnimmt, ob sie eine ausschlaggebende, dem Bevollmächtigten nachkommende oder nur eine nebensächliche Rolle spielt.

---

[1] Das gleiche gilt bei genehmigter Geschäftsführung ohne Auftrag RG. 76, 109.

In diesem Sinne ist RG. 72, 133 zu deuten. Diese Entscheidung geht davon aus, daß „**Dritter**" im Sinne des § 123 II BGB. nicht derjenige ist, der nicht nur beauftragt ist, den Kauf zu vermitteln, sondern auch ermächtigt ist, in Vertretung des Verkäufers vorbehaltlich seiner Genehmigung die Verkaufsbedingungen zu vereinbaren, also den Vertrag so vorzubereiten, daß die Bindung des Auftraggebers nur noch von seiner Genehmigung abhängt (s. auch RG. 76, 107; LZ. 1918, 372; Warneyer 1909, 178). Auch RG. 70, 133 vertritt im wesentlichen diesen Standpunkt[1]). Diese Auslegung des § 123 Abs. II BGB. wird auch den Bedürfnissen des Verkehrs gerecht.

Ist die arglistige Täuschung von dem gesetzlichen Vertreter oder den gesetzlichen Vertretern einer **juristischen Person**, z. B. Vorstand oder Liquidator einer **Aktiengesellschaft, Genossenschaft, G. m. b. H.** verübt, so kann mit Erfolg auch dann angefochten werden, wenn von mehreren Vertretern (Gesamtvertretung) nur einer sich der arglistigen Täuschung schuldig gemacht hat (RG. 78, 347). Dies gilt auch dann, wenn der unredliche Vertreter beim Vertragsschluß nicht mitgewirkt hat, sondern der Vertrag ohne seine Mitwirkung abgeschlossen wurde (Einzelvertretung) unter der Voraussetzung jedoch, daß er von dem Abschluß des Vertrags gewußt und den Vertragsgegner hievon nicht abgehalten hat. Denn auch das Wissen des nicht handelnden Vertreters gilt als Wissen des Vertretenen (RG. 72, 133; 81, 433; LZ. 1913, 140).

Ist beim Kauf eine **offene Handelsgesellschaft** beteiligt, so muß diese das betrügerische Verhalten auch nur eines von mehreren, bei den Kaufsverhandlungen beteiligten vertretungsberechtigten Gesellschaftern gegen sich gelten lassen, und zwar selbst dann, wenn nur Gesamtvertretungsbefugnis vorliegt (§ 125 HGB.; § 166 I. BGB.). Die Anfechtung hat also auch hier Erfolg (JW. 1899, 47; 1900, 625; RG. 43, 106; siehe auch Ehrenberg, Handbuch des Handelsrechts Bd. IV 2, S. 76).

Wenn die arglistige Täuschung durch den Vorstand eines **nicht rechtsfähigen Vereins** verübt worden ist, dann erfolgt die Anfechtung mit Wirksamkeit gegen die Vereinsmitglieder. Geht die Täuschung von einem Vereinsmitglied aus, dann wird es von den Umständen des Falls abhängen, ob dieses Mitglied Dritter ist oder nicht und die Anfechtung ohne weiteres oder nur nach Maßgabe

---

[1]) Der Standpunkt des RG. wird von Titze (JW. 21, 624) mit beachtenswerten Gründen bekämpft. Er schließt in entsprechender Anwendung des § 278 BGB in einer für die Praxis sehr brauchbaren Form, die auch dem natürlichen Rechtsempfinden Rechnung trägt, von dem Begriff des „Dritten" grundsätzlich alle Personen aus, die im Interesse einer Vertragspartei und mit deren vorheriger oder nachträglicher Zustimmung an den Geschäftsverhandlungen teilgenommen und dabei betrügerische Angaben gemacht haben, die mit den gepflogenen Verhandlungen im inhaltlichen Zusammenhang stehen.

Darnach scheiden auch Vertrauensmänner und Interessenvertreter aus dem Kreise der „Dritten" aus.

des § 123 II S. 1 BGB. möglich ist. Es werden auch hier die RG. 72, 133 aufgestellten Gesichtspunkte Maß zu geben haben.

Die Anfechtung muß innerhalb einer Ausschlußfrist von einem Jahr seit Entdeckung der Täuschung erfolgen (§ 124 BGB.).

Die Einhaltung ist bei einem Anfechtungsprozeß von Amts wegen zu berücksichtigen, mithin ohne Rücksicht darauf, ob der Anfechtungsbeklagte den Ablauf der Frist geltend macht oder nicht. Die Frist ist auch dann gewahrt, wenn die Klage, vorausgesetzt, daß sie noch vor Ablauf der Anfechtungsfrist erhoben ist, an einem Prozeßverstoß leidet oder dem als Vertreter des Klägers Auftretenden die Vertretungsbefugnis mangelt und dieser Mangel erst nach Fristablauf geheilt wird. Denn die Heilung wirkt in diesem Fall auf den Zeitpunkt der Klageerhebung zurück (RG. 86, 245; LZ. 1917, 1329).

Entsteht Streit darüber, ob die Frist abgelaufen ist oder nicht, ist insbesondere der Zeitpunkt strittig, in dem der Anfechtungskläger von dem Anfechtungsgrund Kenntnis erlangt hat, so trifft den Anfechtungsgegner die Beweislast (JW. 11, 648). Er muß beweisen, daß und wann der Anfechtungskläger von der Anfechtung Kenntnis erlangt hat.

Strittig ist, ob, wenn die Anfechtungsfrist abgelaufen ist, mit §§ 823, 826, 249 ff. BGB. geholfen werden kann.

Die Entscheidungen des Reichsgerichts Bd. 63, 268 und 79, 197 kommen zu verschiedenem Ergebnis. Die letztere Entscheidung läßt es zu, daß der Getäuschte, wenn das Verhalten des Täuschenden den Tatbestand des Betrugs oder der Sittenwidrigkeit bildet, von dem Täuschenden schuldrechtlich die Rückgängigmachung des Vertrags verlangen kann. Unter dem Gesichtspunkt der unerlaubten Handlung kann daher der Getäuschte auch noch nach Ablauf der Verjährungsfrist von 3 Jahren (§ 852 BGB.) die Erfüllung verweigern, während ihm dieses Erfüllungsverweigerungsrecht, wenn das Verhalten des Täuschenden nur den Anfechtungstatbestand erschöpft, nach Ablauf der Anfechtungsfrist nicht zusteht (RG. 60, 294).

Ob und inwieweit neben der Anfechtung noch ein Anspruch auf Ersatz des durch den Abschluß des anfechtbaren Geschäfts und die erfolgte Anfechtung erlittenen Vermögensschadens besteht, ist im Gesetz nicht ausdrücklich bestimmt.

Die Frage ist dahin zu beantworten, daß **Schadensersatz** nur auf Grund eines **besonderen Verpflichtungsgrundes** verlangt werden kann. Es ist also möglich, daß bei einem infolge wirksamer Anfechtung nichtigen Vertrag neben den Folgen der Nichtigkeit ein Anspruch auf Schadensersatz gemäß §§ 823 II, 826 BGB.; § 263 RStGB. geltend gemacht werden kann, z. B. **Vertrags- und Auflassungskosten, Schaden durch Ausschlagen eines anderen günstigen Angebots** (LZ. 1916, 1181; 1917, 1150; Warneyer 1911, 120; 1918, 181; RG. 59, 157). Derartige Ersatzansprüche liegen außerhalb der Bereicherung. Voraussetzung für die Ersatzpflicht auf Grund unerlaubter Handlung ist jedoch, daß durch die wirksam erfolgte Anfechtung der Boden für diese Haftpflicht nicht entzogen ist. Es ist daher **neben** der erfolgten Anfechtung für den schuldrechtlichen Anspruch auf Aufhebung des geschlossenen Vertrags unter dem rechtlichen Gesichtspunkt der Schadenshaftung nach §§ 249, 823 II, 826 BGB., § 263 RStGB., kein Raum mehr, denn dieser Anspruch deckt sich in seinem Erfolg mit der durch die Nichtigkeit herbeigeführten Beseitigung des Vertrags.

Auch darauf soll in diesem Zusammenhang schon jetzt hingewiesen werden, daß nach erfolgter Anfechtung vertragsmäßige Schadensersatzansprüche nicht mehr geltend gemacht werden können (RG. 74, 1; LZ. 1916, 1180).

Ist mit Grund, also erfolgreich angefochten, dann gestalten sich die Rechtswirkungen im allgemeinen wie folgt:

Das angefochtene Geschäft ist als von Anfang an nichtig anzusehen (§ 142 BGB.). Die von Anfang an eingetretenen Rechtswirkungen gelten daher nicht als eingetreten. **Der Grundstückskauf hat seinen Rechtsbestand verloren.** Auf die Feststellnug des Eintritts oder Nichteintritts dieser Rechtsfolgen kann, wenn beiderseits noch nicht erfüllt ist, im Wege der **Feststellungsklage** nach § 256 ZPO. geklagt werden. Das die Anfechtung für berechtigt erklärende Urteil hat nur deklaratorischen Charakter. Es stellt nur fest, daß die Nichtigkeit schon mit dem Zugang der Anfechtungserklärung eingetreten ist. Rechtskraft erzeugt es jedoch nur zwischen den Parteien. Der Dritte z. B. ein Hypothekgläubiger oder der Mieter kann daher das rechtskräftige Urteil als das Gericht bindendes Prozeßelement nicht für sich in Anspruch nehmen. Er kann es nur als Beweismittel benützen (RG. 80, 317).

Der Gerichtsstand ist für diese Klage, abgesehen von dem allgemeinen Gerichtsstand (§ 12 ZPO.), an dem Ort gegeben, an dem der Getäuschte seine Vertragsverpflichtungen zu erfüllen hätte, also am Wohnsitz des Getäuschten zur Zeit der Entstehung des Schuldverhältnisses, wenn nichts anderes vereinbart ist (§ 269 BGB.; § 29 ZPO.). Denn die Anfechtungsklage bezweckt die Feststellung, daß die Vertragsverpflichtung nicht zustande gekommen ist (JW. 1912, 245; Stein, ZPO. Anm. II 3, III 1, § 29). Es ist jedoch zu betonen, daß in diesem Gerichtsstand nicht neben der Feststellung auch die Zurückgabe des etwa bereits Geleisteten verlangt werden kann. Hiefür ist der gewöhnliche Gerichtsstand maßgebend.

Der **Streitwert** ist, wenn der Kaufvertrag noch nicht durch Zahlung des Kaufpreises und Auflassung erfüllt ist, lediglich unter Vergleichung der wirtschaftlichen Lage des Getäuschten vor und nach der Vertragserfüllung nach freiem Ermessen des Gerichts gemäß § 3 ZPO. festzustellen. Er wird also regelmäßig gleichbedeutend sein mit der Vermögensminderung, die der Getäuschte bei der Erfüllung des Vertrags erleiden würde, oder anders ausgedrückt mit dem Interesse, das der Getäuschte an der Beseitigung des Vertrags hat (RG. 66, 330; JW. 1907, 674). Im Zweifel erstreckt sich die Anfechtung auch auf das dingliche Geschäft (Auflassung), denn es ist anzunehmen, daß das verkaufte Grundstück ohne Fortdauer des auf Grund der arglistigen Täuschung erregten Irrtums nicht aufgelassen worden wäre (RG. 66, 390; 69, 16; 70, 58)[1]).

Es findet eine gegenseitige Ausgleichung bzw. Rückgabe der ausgetauschten Vermögenswerte statt[2]). Diese Wiederherstellung des früheren Zustands vollzieht sich teils auf Grund der Bestimmungen über ungerechtfertigte Bereicherung (§§ 812ff. BGB.), teils auf Grund der Vorschriften über unerlaubte bzw. strafbare Handlungen, teils auf Grund allgemeiner Rechtsregeln und den Rechtssätzen in §§ 985ff. BGB. Die Parteien können jedoch vereinbaren, daß die auf Grund der Nichtigkeit des Rechtsgeschäfts eingetretenen Rechtsfolgen eingeschränkt werden sollen. Es kann insbesondere vereinbart werden, daß das Eigentum am Grundstück beim Käufer bleiben und der Verkäufer nur einen Teil des Kaufpreises zurückerstatten soll (Seuff. Arch. Bd. 68 Nr. 4). Sind auf einer Seite mehrere Vertragsgegner beteiligt, so haften diese nicht als Gesamtschuldner, sondern nur mit dem Betrag, um den sie bereichert sind[3]).

Bei der Ausgleichung auf Grund ungerechtfertigter Bereicherung ist es strittig, in welchem Verhältnis die beiderseitigen Rückleistungspflichten stehen.

Das Reichsgericht, dessen Rechtsprechung übrigens auch in dieser Richtung nicht völlig klar und einheitlich sein dürfte, steht auf dem Standpunkt, daß der Bereicherungsanspruch ein einheitlicher ist, so daß, wenn die beiderseitigen Leistungen nicht mehr in Natur zurückgegeben werden können, für die Frage, ob eine Partei bereichert ist oder nicht, Vorteil und Nachteil von Amts wegen abgewogen werden müssen und nur der Überschuß als Bereicherung betrachtet werden kann. Maßgebend soll also der wirtschaftliche Gesamterfolg sein (DJZtg. 1916, 282)[4]). Von einer Aufrechnung und Zurückbehaltung kann daher nicht die Rede sein.

Gegenüber dem Anspruch auf Zurückgabe des Grundstücks wird jedoch nach angefochtenem Kauf oder Tausch der Anspruch auf Zurückbezahlung des Kaufpreises oder ein Entschädigungsanspruch

[1]) Die Ansicht in Gruchot Beiträgen Bd. 52, 515, daß die Anfechtung des obligatorischen Geschäfts unter allen Umständen auch das Erfüllungsgeschäft erfaßt, ist abzulehnen. —

[2]) Die Ausgleichsansprüche verjähren in 2 Jahren seit Abschluß des Vertrags § 200 BGB.

[3]) Die Ansicht im RG. 67, 261, nach der Gesamthaftung gegeben ist, läuft wie Enneccerus, Bürg. Recht Bd. I, 2 § 315 Anm. 4, mit Recht betont, auf eine Fiktion hinaus und steht mit §§ 812, 818 BGB. im Widerspruch, s. auch LZ. 1922, 685.

[4]) S. auch RG. 94, 254. A. M. DJZtg. 1915, 1063.

wegen Unmöglichkeit der Zurückgabe des eingetauschten Grundstücks, z. B. wegen einer Zwangsversteigerung, nicht von Amts wegen, sondern nur auf Grund des geltend gemachten Zurückbehaltungsrechtes berücksichtigt (JW. 1909, 133; 1918, 132; 1919, 377, RG. 94, 309; 105, 29).

Kann ein gewährter Gegenstand, z. B. das Grundstück, wegen Weiterveräußerung nicht mehr in Natur zurückgegeben werden, dann erfolgt die Ausgleichung nicht nach den Grundsätzen über das Rücktrittsrecht §§ 346, 347 BGB., sondern nach §§ 818 IV, 819, 292 BGB.

Ist Wertersatz zu leisten, dann bemißt sich die Höhe nach dem Zeitpunkt, in dem das zu ersetzende Vermögensstück erlangt worden ist, so daß ein beim Weiterverkauf etwa erzielter Gewinn an den Gegner nicht herauszugeben ist (RG. 101, 389)[1]).

Die Rechtslage ist nicht immer einfach. Sie gestaltet sich unter Umständen verwickelt. Eine Darstellung der Rechtsstellung des Verkäufers und des Käufers hinsichtlich ihrer Ausgleichsansprüche soll daher nachstehend im einzelnen gegeben werden.

1. Die Anfechtung durch den getäuschten Verkäufer.

a) Unter Zugrundelegung, daß er auch die Auflassung angefochten hat und daß lediglich arglistige Täuschung vorliegt.

Der Verkäufer kann von dem Käufer verlangen, daß er in der Form des § 29 GBO., also zu Protokoll des Grundbuchamts oder in öffentlicher oder beglaubigter Form die Zustimmung zur Berichtigung des Grundbuchs erteilt (§ 894 BGB., §§ 19, 22 GBO.), worauf der Verkäufer unter ausdrücklicher Einwilligung in die Umschreibung des Grundstücks § 22 II GBO. (Form § 29 GBO.) beim Grundbuchamt den Antrag auf Berichtigung stellen kann[2]).

Läßt es der Käufer zum Prozeß kommen, dann ist der Klagsantrag wie folgt zu stellen.

„Es wird festgestellt, daß nicht dem Beklagten, sondern dem Kläger das Eigentum zusteht, weshalb der Beklagte zu bewilligen hat, daß an seiner Stelle der Kläger als Eigentümer in das Grundbuch eingetragen wird.“ Es ist zweckmäßig, mit diesem Antrag eventuell den Antrag auf Herausgabe des Grundstücks zu verbinden.

Führt beim **gesetzlichen Güterstand** der Ehemann den Prozeß, so kann er die Herausgabe des Grundstücks nicht an sich allein ver-

---

[1]) Ist aber der Anfechtungsanspruch anerkannt oder durch Urteil festgestellt, dann ist der Erstattungsanspruch ein erweiterter. § 280 BGB.

[2]) Hat der Käufer das Grundstück an einen gutgläubigen Dritten veräußert, so dringt die Anfechtung gegen den Dritten nicht durch.

Der Verkäufer ist auf seinen Bereicherungsanspruch, §§ 816, 818 BGB., gegen den Käufer angewiesen.

langen. Der Klagsantrag muß vielmehr lauten, daß das Grundstück an die Ehefrau oder an beide Ehegatten oder an den Ehemann mit Zustimmung der Ehefrau herausgegeben wird.

Nur dann kann der Ehemann Herausgabe an sich allein verlangen, wenn in der Klage die Zustimmung der Ehefrau hiezu behauptet ist (§ 1380 BGB.).

Ist der Käufer gestorben, dann muß die Klage gegen die sämtlichen Erben gerichtet werden, wenn die Erbschaft noch nicht geteilt ist (§ 2040 BGB.; RG. 93, 292).

Örtlich zuständig ist das Gericht, in dessen Bezirk das Grundstück liegt (§ 24 ZPO.). Dieser Gerichtsstand ist ausschließlich, so daß die Zuständigkeit eines anderen Gerichts nicht vereinbart werden kann (§ 40 II ZPO.). Die Zuständigkeit nach §§ 12, 29 ZPO. kann nicht in Frage kommen.

Liegt das Grundstück im Bezirk verschiedener Gerichte, dann erfolgt die Bestimmung des zuständigen Gerichts

1. wenn die Gerichte im Bezirk des gleichen Oberlandesgerichts liegen, durch das übergeordnete Oberlandesgericht,
2. wenn sie im Bezirke mehrerer Oberlandesgerichte liegen, in Bayern durch das oberste Landesgericht und in Preußen durch das Kammergericht und wenn in diesem Falle die Oberlandesgerichte mehreren Bundesstaaten angehören, durch das Reichsgericht (§ 36, 4 ZPO.; § 8 AG. z. GVG.; Art. 42 bay. AusfG. z. GVG.; Ges. v. 22. Mai 1910; Art. V preuß. Ver., 18. Juni 1910, JMBl. 217; § 9 EG. z. ZPO.; BayZfR. 1907, 434).

Der **Streitwert** d. i. die Summe, welche für die Zuständigkeit des Gerichts und die Berechnung der Gerichts- und Anwaltsgebühren zugrunde zu legen ist (§§ 2ff. ZPO.; §§ 9—13 RG.-Kostengesetz vom 21. Dezember 1922). §§ 10, 11 GOfRA. ist der nach allgemeinen Grundsätzen, eventuell unter Beiziehung eines Sachverständigen zu ermittelnde **Verkehrswert des Grundstücks** (§ 6 ZPO.). Ein Affektionswert darf nicht angesetzt werden. Maßgebend ist der Zeitpunkt der Klageerhebung bzw. der Berufungs- oder Revisionseinlegung. Unbeachtlich ist also ein etwa früher gegebener Mehrwert. Dagegen sind zu berücksichtigen wertsteigernde Aufwendungen, die der Beklagte vor Erhebung der Klage gemacht hat. Die auf dem Grundstück lastenden Hypotheken und Grundschulden dürfen nicht abgezogen werden.

Auch die Gegenansprüche des Käufers, z. B. bezahlter Kaufpreis und Auslagen für Verwendungen, mindern den Streitwert nicht.

Zweifelhaft ist, ob Lasten, die den Verkehrswert mindern, z. B. Nießbrauch, Wegerecht, dingl. Vorkaufsrecht, den Verkehrswert mindern. Die Frage dürfte zu bejahen sein (s. Rittmann, Wert des Streitgegenstands, § 61, 3; Recht 1913, 2812).

Das rechtskräftige Urteil ersetzt die erforderliche Zustimmung zur Grundbuchberichtigung. Im Falle des vorläufig vollstreckbaren Urteils kann ein Widerspruch in das Grundbuch eingetragen werden (§ 895 ZPO.). Der Vollzug obliegt dem Verkäufer, der zu diesem Zweck vollstreckbare Ausfertigung nebst Zustellungsnachweis eventuell Hinterlegungsbestätigung mit Zustellungsnachweis aus dem Grundbuchamt vorzulegen hat (§§ 704, 750, 751, 894 ZPO.).

Ist das Urteil dahin ergangen, daß der Käufer nur Zug um Zug gegen Erstattung von Gegenansprüchen (§§ 273, 274, 1000 BGB.) die Berichtigungsbewilligung zu erklären und das Grundstück herauszugeben hat, dann erhält der Verkäufer eine vollstreckbare Ausfertigung erst dann, wenn er nachweist, daß der Käufer befriedigt oder in Verzug der Annahme ist (§§ 293 ff. BGB., § 726 II ZPO.). Bei Beendigung des Prozesses durch einen gerichtlichen Vergleich kann die Berichtigung des Grundbuchs durch Vorlage einer vollstreckbaren Ausfertigung und Berichtigungsantrag beim Grundbuchamt herbeigeführt werden[1]).

Bei einem **Schiedsspruch mit Berichtigungsverpflichtung** kann erst nach Erwirkung des Vollstreckungsurteils (§ 1042 ZPO.) die Berichtigung wie beim gewöhnlichen Urteil herbeigeführt werden. Schon während des Prozesses kann ein Widerspruch durch einstweilige Verfügung im Gebrauch herbeigeführt werden. Es wird sich regelmäßig empfehlen, im Hinblick auf die durch die Öffentlichkeit des Grundbuchs (§ 892 BGB.) drohende Gefahr im Falle eines Weiterverkaufs durch den Verkäufer, die Interessen des getäuschten Verkäufers auf diese Weise zu schützen.

Dem Anspruch auf Grundbuchberichtigung und der Eintragung eines Widerspruchs kommt im **Konkurse des Käufers** aussondernde Kraft zu, weil im Fall, daß auch die Auflassung angefochten und damit die Nichtigkeit herbeigeführt ist, der Erwerb des Käufers als nicht erfolgt zu erachten ist (§ 43 ZPO.).

Es kann daher das vom Verkäufer etwa schon vor Konkurseröffnung erwirkte Urteil auf Grundbuchberichtigung und Herausgabe auch ohne weiteres gegen den Konkursverwalter vollstreckt werden. Die Umstellung der Vollstreckungsklausel ist nach der zu billigenden Ansicht von Jaeger Anm. 35 zu § 6 KO. nicht zu fordern. Dagegen ist, wenn eine vollstreckbare Ausfertigung vor Konkurseröffnung noch nicht erteilt ist, diese nach der Konkurseröffnung in der Richtung gegen den Konkursverwalter zu erwirken und diesem auch, wenn noch nicht vorher geschehen, das Urteil zuzustellen (§§ 704, 725, 727, 750 ZPO.; Jaeger Anm. 35 § 6 Anm. 8 § 14 KO.).

Der Widerspruch kann noch während des Konkurses des Käufers eingetragen werden (Jaeger Anm. 28 § 14 KO.).

---

[1]) Hatte sich der Verkäufer an dem verkauften Grundstück für den Kaufpreisrest eine Hypothek bestellen lassen, so wird diese Hypothek auf Grund seines guten Glaubens „Eigentümergrundschuld" s. v. Thur Bd. I, 2 § 57 Anm. 101 a.

Ist das Anwesen vor der Konkurseröffnung von dem Käufer oder nach der Konkurseröffnung vom Konkursverwalter veräußert worden, so steht dem Verkäufer das Ersatzaussonderungsrecht (§ 46 KO.) zu unter der Voraussetzung, daß die Kaufpreisforderung von dem Dritterwerber noch nicht bezahlt oder vom Konkursverwalter nach Eröffnung des Konkurses eingezogen und noch unterscheidbar in der Masse vorhanden ist.

Hat dagegen der Käufer noch vor Konkurseröffnung den Kaufpreis eingezogen, so kann der Verkäufer regelmäßig im Konkurse des Käufers die Werterсatzforderung nur als Konkursforderung geltend machen.

Wenn der Verwalter veräußert und eingezogen hat, dann kann der Verkäufer in der Rolle des Massegläubigers den eingezogenen Betrag verlangen (§§ 46, 59 Ziff. 1—3 KO.; Jaeger § 59 Anm. 8 und 31, § 43 Anm. 14 und 17).

Ist der Käufer noch im Besitz des Grundstücks und auch zur Herausgabe verurteilt, so hat ihn der Gerichtsvollzieher aus dem Besitz zu setzen und den Verkäufer in den Besitz einzuweisen (§ 885 ZPO.).

Von Hypotheken, die der Käufer auf das Grundstück bestellt hat, hat er dieses zu befreien. —

Hat der Käufer inzwischen das Grundstück **vermietet**, so ist der Mietvertrag ohne Rücksicht darauf, ob der Mieter bereits eingezogen ist oder nicht, dem Verkäufer gegenüber nicht wirksam. Denn die Tatsache, daß der Verkäufer das Grundstück auf Grund der Anfechtung wieder an sich bringt, kann nicht als Veräußerung des Käufers an ihn im Sinne des § 571 BGB. erachtet werden. Dies ist die herrschende und wohl auch richtige Ansicht. Die Ansicht, daß dem Käufer durch die Eintragung die tatsächliche Stellung eines Eigentümers verschafft sei und deshalb die Berichtigung des Grundbuchs und die Zurückgabe des Anwesens an den Verkäufer als Veräußerung zu erachten sei, entspricht nicht dem Sinn und dem Wortlaut des § 571 BGB.

Der Verkäufer kann daher nach der Anfechtung des Kausal- und des Leistungsgeschäftes von dem Mieter die Räumung der gemieteten Räumlichkeiten verlangen (Mittelstein, Die Miete, § 95, 7). Ist es zur Auflassung des Anwesens überhaupt nicht gekommen, dann kann die Frage, ob § 571 BGB. anzuwenden ist oder nicht, überhaupt nicht aufgeworfen werden. —

Hat der Käufer das Grundstück **verpachtet**, so ist die Rechtslage die gleiche, wie sie vorstehend für den Mietvertrag geschildert ist (§§ 571, 581 II BGB.).

Das Rechtsverhältnis zwischen Verkäufer und Käufer beurteilt sich im übrigen, d. h. bezüglich der Ansprüche des Verkäufers auf **Herausgabe der Nutzungen, Schadensersatzes wegen Unmöglichkeit der Zurückgabe** oder **Verschlechterung des Grundstückes** nach den Vorschriften über den Herausgabeanspruch des

Eigentümers gegen den Besitzer (§§ 987ff. BGB.). Diese Vorschriften regeln die persönlichen Rechtsbeziehungen zwischen Eigentümer und Besitzer besonders, so daß dadurch die Vorschriften über ungerechtfertigte Bereicherung und die Vorschriften über unerlaubte Handlungen ausgeschlossen sind, es müßte denn sein, daß arglistige Täuschung zu gleicher Zeit den Tatbestand eines **strafbaren** Betrugs im Sinne des § 263 RStGB. bildet, in welchem Falle die Haftung nach den Grundsätzen über **unerlaubte Handlungen** ausdrücklich gesetzlich bestimmt ist (§ 992 BGB.; RG. 56, 316; JW. 1910, 111, 754/55).

Nach erfolgter Anfechtung ist anzunehmen, daß der Käufer beim Erwerb des Grundstücks nicht im guten Glauben war (§ 142 II BGB.). Seine Haftung beurteilt sich also nach den Grundsätzen, die für die Haftung des schlechtgläubigen Besitzers gelten.

Der Käufer haftet daher dem Verkäufer für alle **Nutzungen**, die er gezogen oder den Regeln einer ordnungsmäßigen Wirtschaft zu ziehen unterlassen hat (§§ 99, 100, 990 BGB.). Er muß mithin die noch unverbrauchten natürlichen und bürgerlichen Früchte, z. B. das geschnittene Getreide oder eingezogene Miet- und Pachtzinsen, die er noch unvermischt mit seinem Gelde in seinem Besitz hat, herausgeben. Hat er das Anwesen, weil es z. B. ein Miethaus oder eine Villa ist, mit- oder allein bewohnt, so ist dem Verkäufer ein dem Gebrauchsvorteil entsprechender Geldbetrag, der regelmäßig nach dem Betrag der ersparten Miete zu berechnen sein wird, in Geld zu ersetzen. Das gleiche ist der Fall, wenn das Grundstück dem Verkäufer sonstige Gebrauchsvorteile gebracht hat. Es handelt sich z. B. bei dem Kauf um einen Ziergarten. Hat der Käufer die gezogenen natürlichen oder bürgerlichen Früchte verbraucht oder ist er aus einem anderen Grunde, z. B. weil er sie verkauft hat, nicht imstande, sie herauszugeben, so muß er dem Verkäufer den Wert ersetzen. Als Wert ist hier der Verkehrs- oder Handelswert in dem Augenblick, in dem die Anfechtung erfolgt, anzusetzen, denn der Wertsersatz ist gleichbedeutend mit Schadensersatz (Enneccerus, SachR. § 85; anscheinend a. M. Biermann, SachR. Anm. 1b zu 987 BGB.). Während die Ansprüche wegen Ersatzes verbrauchter Früchte oder Schadensersatzes wegen nicht gezogener Früchte schuldrechtlichen Charakter haben, ist der Anspruch auf Herausgabe der noch vorhandenen Früchte dinglicher Natur (RG. 93, 281). Ist der Käufer im Konkurs, so können sie ausgesondert werden. Hat sie der Konkursverwalter veräußert, so hat der Verkäufer das gleiche Recht, wenn die Kaufpreisforderung noch aussteht oder der Kaufpreis unterscheidbar in der Masse vorhanden ist. Andernfalls hat er auch hier nur eine Masseforderung nach § 59 Abs. 1 und 3 KO. Der auf Ersatz der Gebrauchsvorteile und der nicht mehr vorhandenen Früchte gerichtete Anspruch bildet dagegen eine gewöhnliche Konkursforderung (§ 3 KO.). Sind die gezogenen Früchte durch Zufall untergegangen, dann haftet der Käufer nicht. Wenn also z. B. durch eine Fliegerbombe oder durch Funken der vorüberfahrenden Bahn die eingebrachte Ernte in Brand gerät und vernichtet wird, dann braucht der Käufer grundsätzlich nicht aufzukommen. Es müßte denn sein, daß er zur Zeit des Brandes bereits mit der Herausgabe in Verzug war und bei rechtzeitiger Herausgabe der Verlust auf die oben geschilderte Weise nicht eingetreten wäre (§§ 990 II, 287 BGB.). Hat er die Felder nicht bestellt oder die Wohnungen des Hauses nicht vermietet, so kann der Verkäufer die ihm dadurch entstandenen Nachteile ersetzt verlangen, wenn er den Nachweis führt, daß der Käufer entgegen der Verkehrsgepflogenheit und Aufmerksamkeit sich nicht darum bemüht hat, das Anwesen wirtschaftlich zu verwerten, obwohl dies möglich gewesen wäre. Obwohl es im BGB. nicht ausdrücklich bestimmt ist, da §§ 259, 260 BGB. eine allgemeine Rechnungslegungs- und Auskunftspflicht nicht aufstellen, muß angenommen werden, daß der Käufer, weil er fremdes Vermögen in Händen gehabt und verwaltet hat, bezüglich der gezogenen Nutzungen Rechenschaft nach §§ 259, 260 BGB. abzulegen hat (JW. 1912, 72, 854).

Es kann daher mit der Klage auf Grundbuchberichtigungen und Herausgabe des Grundstücks die **Klage auf Rechnungslegung bezüglich der Nutzungen und Herausgabe bzw. Ersatz der Nutzungen** vorbehaltlich der Angabe des bestimmten Betrags gemäß § 254 ZPO. erhoben werden. Die Besonderheiten des Verfahrens nach § 254 ZPO. bringen es mit sich, daß wenn die Rechnungslegung verweigert wird, zunächst Teilurteil § 301 ZPO. über Berichtigungs-, Herausgabe- und Rechnungslegungsanspruch ergehen muß und erst dann, wenn Rechnungslegung erfolgt ist, durch Endurteil bezüglich des Betrags der zu erstattenden Nutzungen erkannt werden kann.

Wird dagegen während des Prozesses Rechnung erstellt, dann ist insoweit der Verkäufer klaglos gestellt, weshalb er in dieser Richtung die Hauptsache für erledigt erklären muß, wenn er vermeiden will, daß ihm ein Teil der Kosten überbürdet werden.

Der Käufer kann Ersatz verlangen für die **notwendigen Aufwendungen**, d. h. solcher Ausgaben, die zur Erhaltung des Grundstücks und der bisherigen Wirtschaftsweise unbedingt gemacht werden mußten, z. B. Ausbesserung des schadhaft gewordenen Daches, Auswechslung des baufälligen Stadels, Wiederherstellung des unentbehrlichen zusammengefallenen Zaunes, Herrichtung der Wohnungen, eines Miethauses, Wiederherstellung der schadhaft gewordenen Wasser- oder Dampfheizung. Hierbei ist jedoch zu betonen, daß diese Aufwendungen nur dann vom Verkäufer ersetzt werden müssen, wenn sie notwendig geworden sind durch **zufällige** und vom Käufer **nicht verschuldete** sonstige Ereignisse,

z. B. natürliche Abnützung, und wenn der Verkäufer nach den Grundsätzen der auftragslosen Geschäftsführung aufzukommen hat (§§ 990, 994 II, 683, 670, 684 BGB.). **Mithin kann der Käufer Ersatz dieser notwendigen Aufwendungen** nur dann verlangen, wenn sie dem **wirklichen** oder **mutmaßlichen Willen des Verkäufers entsprochen haben**, wenn sie zur Erfüllung einer **öffentlichrechtlichen Verpflichtung** notwendig waren oder wenn sie vom Verkäufer genehmigt werden. Der Verkäufer haftet in diesem Fall für die Aufwendungen, die der Käufer nach den Umständen für erforderlich halten durfte (subjektiver Maßstab). Sonst nur nach den Grundsätzen der **ungerechtfertigten Bereicherung** (§§ 812ff. BGB.). Diese Rechtssätze werden praktisch, wenn es sich um die **Höhe** der zu erstattenden **notwendigen** Aufwendungen handelt. Hat z. B. der Käufer an Stelle des schadhaft gewordenen Ziegeldaches ein Kupferdach herstellen oder für den baufällig gewordenen Holzzaun einen Zaun mit Betonsockel und Gitteraufsatz aufführen lassen, so wird er regelmäßig nur den Betrag in Rechnung stellen können, der für ein Ziegeldach oder einen Holzzaun hätte aufgewendet werden müssen. Es ist hierbei gleichgültig, ob die notwendigen Verwendungen den Sachwert des Grundstücks wieder und noch erhöhen und dadurch die wirtschaftliche Lage des Verkäufers verbessert oder ob sie dem Verkäufer Vorteile überhaupt nicht gebracht haben. Der Käufer kann daher auch dann vom Verkäufer Ersatz verlangen, wenn das schadhaft gewordene und ausgebesserte Haus später ohne sein Verschulden abgebrannt ist. (Enneccerus, SachR. §§ 86, 1.) Ist jedoch der ursprüngliche Verkehrswert des Anwesens mit Rücksicht auf die gemachten notwendigen Verwendungen, die der Verkäufer in dieser Art und in diesem Umfang nicht gemacht hätte, erhöht worden, so muß der Verkäufer nicht nur den Betrag, den er aufgewendet hätte, sondern auch noch den Betrag, um den das Anwesen im Vergleich zum früheren, nicht ausbesserungsbedürftigen Zustand **mehr wert** geworden ist, dem Käufer ersetzen. Die Ersatzpflicht des Verkäufers wird dadurch nicht ausgeschlossen, daß der Wert der vom Käufer herauszugebenden oder zu ersetzenden Nutzungen geringer ist, als die Summe der Aufwendungen. Es kann sich mithin der Verkäufer dadurch, daß er die Nutzungen dem Käufer überläßt, nicht von der Erstattung der **notwendigen** Unterhaltungskosten befreien. Den aufgewendeten Geldbetrag hat der Verkäufer vom Augenblicke der Aufwendung an mit 4% zu verzinsen (§§ 246, 256 S. 1 BGB.). Hat der Käufer die notwendigen Aufwendungen noch nicht bezahlt, so kann er, je nachdem seine Schuld fällig ist oder nicht, Befreiung von der Verbindlichkeit oder Sicherheitsleistung vom Verkäufer begehren (§§ 232ff., 257 BGB.).

Eine besondere Art der notwendigen Aufwendungen bilden die sog. **Fruchtgewinnungskosten**, die insbesondere bei **landwirtschaftlichen Grundstücken eine Rolle** spielen. Der Käufer kann hier

Ersatz der für das Bestellen, das Erhalten, das Ernten der Früchte, und die Verbesserung der Fruchtgewinnung aufgewandten Kosten, insoweit sie einer ordnungsmäßigen Bewirtschaftung entsprechen, also nicht veranlaßt worden sind durch einen nicht sachgemäßen Betrieb oder gar durch eine Mißwirtschaft, ersetzt verlangen und dabei selbstverständlich auch seine eigene Arbeitskraft und die seiner Angehörigen mit einer entsprechenden Entlohnung in Rechnung stellen. Dabei kann er jedoch niemals einen höheren Wert, als den Wert der gewonnenen Früchte in Ansatz bringen. Diese Erstattungspflicht bezüglich der Fruchtgewinnungskosten in der Person des Verkäufers kann unter Umständen dazu führen, daß die oben festgestellte Fruchtherausgabepflicht des Käufers gegenstandslos wird, so daß er die gezogenen Früchte behalten darf oder bei Verbrauch Wertsersatz nicht zu leisten braucht (§ 102 BGB.). Sind die Früchte noch ungetrennt, also mit dem Grundstück an den Verkäufer hinauszugeben, so kann der Käufer die Bestellungskosten in dem vorstehend erörterten Umfang von dem Verkäufer ersetzt verlangen, wenn die Früchte vor dem Ende des Wirtschaftsjahres zu trennen sind und die Kosten einer ordnungsmäßigen Wirtschaft entsprechen und den Wert der Früchte nicht übersteigen. Sind die hängenden Früchte vor der Anfechtung durch Zufall, z. B. durch Hagelschlag zugrunde gegangen, so erhält der Käufer die Bestellungskosten nicht ersetzt (§ 998 BGB.). Für bezahlte **Steuern (Grund- und Haussteuer)** und **Hypothekzinsen** kann ebenfalls nach den Grundsätzen über auftragslose Geschäftsführung Ersatz vom Verkäufer verlangt werden, wobei die ausgelegten Beträge mit 4% vom Augenblick der Zahlung an zu verzinsen sind (§§ 683, 684, 995, 256 S. 1 BGB.).

Ergibt die unter Zugrundelegung der geschilderten Rechtslage betätigte Abrechnung zwischen Verkäufer und Käufer, daß der letztere Geldansprüche an den Verkäufer hat, so kann der Käufer gegenüber dem Berichtigungsanspruch und dem Verlangen auf Herausgabe des Grundstücks und gewonnener noch vorhandener Früchte unter der Voraussetzung, daß *die arglistige Täuschung nicht* den Tatbestand des **Betrugs** oder der **sittenwidrigen Vermögensbeschädigung** (§§ 823 II, 826 BGB.; § 263 RStGB.) erschöpft, das **Zurückbehaltungsrecht** geltend machen (§§ 273, 1000 BGB.; Warneyer 1911 Nr. 391, RG. 72, 66). Ausgeschlossen ist das Zurückbehaltungsrecht auch dann, wenn der Verkäufer, weil z. B. der Käufer das Grundstück freiwillig herausgegeben hat, nur noch den **Berichtigungsanspruch allein** geltend macht. Die Frage ist bestritten. Überwiegende Gründe sprechen aber für die von Biermann, Sachenrecht, § 894 BGB. Anm. 2e β, vertretene Ansicht. Mit Recht weist dieser darauf hin, daß ein Zusammenhang zwischen dem Berechtigungsanspruch und dem Ersatzanspruch wegen Verwendungen nicht besteht. —

Das Zurückbehaltungsrecht kann durch Sicherheitsleistung abgewendet werden (§ 273 III BGB.), wobei jedoch eine Bürgschaftsleistung, da sie eine reale Sicherheit nicht bietet, nicht angenommen zu werden braucht. Nach Analogie des § 320 II und nach § 242 BGB. ist es auch dann ausgeschlossen, wenn die Ausübung insbesondere wegen Geringfügigkeit der als Grundlage dienenden Forderung gegen Treu und Glauben verstoßen würde. Dadurch erhält der Verkäufer, ohne zur Gegenleistung verpflichtet zu sein, im Prozeß den Vollstreckungstitel, während bei nicht erfolgter Sicherheitsleistung die Verurteilung zur Berichtigungseinwilligung und Herausgabe des Grundstücks und der vorhandenen Früchte nur Zug um Zug gegen Empfang der dem Käufer gebührenden Leistungen erfolgen kann. Die Erteilung der Vollstreckungsklausel erfolgt in diesem Falle abweichend von der allgemeinen Regel erst dann, wenn der Nachweis, daß der Käufer mit seinen Gegenansprüchen befriedigt oder im Verzug der Annahme ist, durch eine öffentliche oder öffentlich beglaubigte Urkunde erbracht ist. Die Erteilung der Vollstreckungsklausel erfolgt auf Anordnung des Vorsitzenden (§§ 726 I, II, 730 ZPO.).

Nützliche oder Luxusausgaben, z. B. der Käufer hat an Stelle der Gasbeleuchtung das elektrische Licht einrichten lassen, er hat im Garten Obstbäume gesetzt, einen Bienenstand gebaut, einen Umbau vorgenommen, der ein höheres Mieterträgnis herbeigeführt hat, das vorhandene Badezimmer in prunkvoller Weise umändern lassen, oder eine andere Wohnungseinteilung vorgenommen, kann der Käufer nicht ersetzt verlangen (§ 996 BGB.). Insoweit er dadurch Werte geschaffen hat, die als **unwesentliche** Bestandteile oder Zubehörungen (§ 97 BGB.) des Grundstücks oder des Anwesens zu betrachten sind, z. B. Maschinen oder Beleuchtungskörper, die kostbare Badewanne, kann er sie entfernen und eventuell durch die früheren Gebrauchsgegenstände dieser Art ersetzen. Nichtwesentliche Bestandteile bleiben nämlich im Eigentum des Käufers, so daß er darüber frei verfügen kann. Sind die nützlichen oder Luxusanschaffungen jedoch **wesentliche** Bestandteile des Anwesens geworden, z. B. eingebaute Vertäfelungen und Türen, Steinbelag in der Küche, neues Klosett, so gewährt das Gesetz dem Käufer das Recht, diese Anschaffungen zu entfernen, wobei er jedoch auf seine Kosten das Anwesen in den vorigen Stand zu versetzen hat. Dieses **Wegnahmerecht** hat er auch dann noch, wenn der Verkäufer das Anwesen wieder in seinen Besitz bekommen hat, jedoch nur in der Form, daß ihm der Verkäufer, dem zuvor auf sein Verlangen Sicherheit für den mit der Wegnahme verbundenen Schaden zu leisten ist, die Wegnahme zu gestatten hat. An der Wegnahme ist er nicht dadurch gehindert, daß nach den sachrechtlichen Grundsätzen das Eigentum durch die Verbindung als selbständiges Recht an den eingefügten Sachen aufgehört hat zu bestehen und nunmehr nach erfolgter Anfechtung dem Verkäufer zusteht (§§ 946,

99 BGB.). Durch die Wegnahme kann er sich das verloren gegangene Eigentum wieder zurückverschaffen.

Das Wegnahmerecht ist jedoch ausgeschlossen, wenn es nur zur Schikane ausgeübt werden wollte, z. B. der Käufer will die kostbaren Tapeten, mit denen er die Zimmer hat tapezieren lassen, herunterreißen und durch die früheren minderwertigen Tapeten ersetzen oder die nach seinem Geschmack neu gestrichenen Türen abwaschen lassen, oder wenn der Verkäufer dem Käufer den Wert anbietet, den die angeschafften Bestandteile für ihn nach der Trennung haben würden, wobei auch der sog. Affektionswert zu berücksichtigen sein wird (§§ 232, 258, 946, 93, 94, 997 BGB.).

Widerklage wegen Erstattung seiner Verwendungen kann der Käufer nur dann erheben, wenn der Verkäufer im Prozeß die Verwendungen ausdrücklich oder stillschweigend genehmigt, denn nur in diesem Fall hat er einen unmittelbar auf Zahlung gerichteten Erstattungsanspruch, während er sonst bis zur Herausgabe des Grundstücks an den Verkäufer nur auf das Zurückbehaltungsrecht angewiesen ist (§§ 1000, 1001, 185 BGB.).

Eine trotzdem erhobene Widerklage ist als unbegründet, nicht als unzulässig abzuweisen. Denn es fehlt ihr an der rechtlichen Grundlage.

Hat der Käufer das Grundstück oder das Anwesen veräußert oder schuldhaft verschlechtert, so hat er dem Verkäufer Schadensersatz zu leisten. Als Verschlechterung gilt auch die Belastung mit einer Hypothek, Grundschuld oder Grunddienstbarkeit. Ist im Augenblick der Anfechtung die Weiterveräußerung an einen gutgläubigen Dritten bereits erfolgt, so ist die Klage von vorneherein nicht auf Herausgabe, sondern auf Ersatz des Verkehrswertes zu richten, den das Anwesen jetzt für den Verkäufer hätte (§§ 249, 989 BGB.). Dagegen kann der Verkäufer den Schaden nicht ersetzt verlangen, der ihm dadurch entstanden ist, daß er das Grundstück bisher nicht im Besitz gehabt hat. Der Hilfsantrag auf Wertsersatz für den Fall, daß das Grundstück nicht herausgegeben werden kann, der in der Praxis häufig bei der Eigentumsklage hinsichtlich beweglicher Sachen gestellt wird, wird in dem vorliegenden Fall, da durch den Widerspruch im Grundbuch der gutgläubige Erwerb hintangehalten werden kann, keine praktische Rolle spielen, weshalb auf die Frage, ob ein derartiger Antrag von Anfang an als Eventualantrag gestellt werden kann oder hier nicht eingegangen zu werden braucht (s. LZ. 1917, 845).

Ist der Käufer nach erfolgter Anfechtung mit der Erfüllung der sich auf Grund der Anfechtung für ihn ergebenden Verpflichtungen im **Verzug**, so ist er verpflichtet, dem Verkäufer auch den Verzugsschaden zu ersetzen. Ist beispielsweise dem Verkäufer infolge des Verzugs des Käufers die Gelegenheit entgangen, das Anwesen gewinnbringend anderweitig zu veräußern, so hat der Käufer den entgangenen Gewinn zu ersetzen. Auch für die Nutzungen, die er, wenn auch nicht verschuldet, zu ziehen unterlassen hat, die aber vom Verkäufer auf Grund seiner besonderen Sachkunde und Emsigkeit gezogen werden konnten und gezogen worden wären, hat er aufzukommen.

Der **zufällige Untergang der Hauptsache** und der **gezogenen Früchte** macht ihn **vom Augenblick des Verzugs** an für den Betrag ersatzpflichtig, den der Verkäufer im Falle der rechtzeitigen Leistung als Sachwert in seinem Vermögen gehabt hätte; es müßte denn von ihm bewiesen werden können, daß auch im Falle rechtzeitiger Leistung die herauszugebenden Grundstücke beim Verkäufer untergegangen wären. Das letztere wird in Kriegs- und Aufruhrzeiten im Falle der Zerstörung des Anwesens und der Ernte durch einen Fliegerangriff praktisch werden. Diese Ersatzschuld ist mit 4% von dem Augenblick an, den der Verkäufer als für ihn günstigsten Zeitpunkt seiner Wertbemessung zugrunde legt, zu verzinsen (§§ 246, 249, 251, 252, 284, 285, 286, 290, 990 II BGB.).

Der Käufer hat endlich noch zu beanspruchen den allenfalls von ihm bezahlten **Kaufpreis** oder Kaufpreisanteil nebst 4% **Zinsen** seit der Bezahlung, da angenommen werden darf, daß der Verkäufer das Geld verzinslich angelegt oder damit gearbeitet hat. Voraussetzung ist jedoch, daß der Verkäufer noch bereichert ist, also das Geld noch hat oder unter Ersparung eigenen Vermögens verausgabt hat. Daß er nicht mehr bereichert ist, z. B. das Geld ihm gestohlen worden ist oder daß er es für Mäklerlohn ausgegeben (RG. 72, 3) oder für die Verbriefung verwendet hat, hat der Verkäufer zu beweisen (§ 818 IV BGB.). Hat er Forderungen, **Hypotheken** oder **Grundschulden in Zahlung** gegeben, so sind diese vom Verkäufer an ihn zurückzuübertragen[1]). Dagegen kann vom Käufer nicht Herausgabe der Vermögenswerte verlangt werden, die der Verkäufer mit dem erhaltenen Kaufpreis angeschafft hat, z. B. Mobiliar, Wäsche, ein Grundstück usw. Denn der Erwerb beruht in diesem Falle nicht auf der rechtlich unbegründeten Vermögenszuwendung, sondern auf einem selbständigen mit einem Dritten abgeschlossenen Anschaffungsgeschäft.

Hat der Käufer in **Anrechnung auf den Kaufpreis Hypothekschulden des Verkäufers übernommen**, so ist bezüglich der Rechtslage zu unterscheiden, ob noch der sog. **Schwebezustand** nach §§ 415, 416 BGB. **besteht oder nicht.** Hat der Hypothekgläubiger seine Zustimmung noch nicht ausdrücklich oder stillschweigend erklärt und sind insbesondere die in § 416 BGB. vorgesehenen 6 Monate noch nicht abgelaufen, so hat er ein Recht aus der Schuldübernahme nicht erworben, was sich insbesondere auch darin äußert,

[1]) Sie fallen also nicht ohne weiteres an den Käufer zurück. Hat der Verkäufer die als Zahlung erhaltene Forderung vor der Anfechtung weiterzediert, so verliert der Zessionar mit der Anfechtung ohne weiteres sein Forderungsrecht, da es beim Forderungserwerb einen Schutz des guten Glaubens nicht gibt. —

daß Verkäufer und Käufer noch bezügl. des Schuldübernahmevertrags freie Verfügungsmacht haben. Da in dem Fall, daß der Verkäufer den **Kaufvertrag** wegen arglistiger Täuschung angefochten hat, dadurch der **Schuldübernahmevertrag** als abstraktes Erfüllungsgeschäft nicht nichtig wird und daher trotz erfolgter Anfechtung des Kaufvertrags als Schulderfüllungsvertrag zwischen Verkäufer und Käufer fortbesteht, kann der Käufer verlangen. daß ihn der Verkäufer aus dem Schulderfüllungsvertrag entläßt, d. h. auf seine Rechte aus dem Schulderfüllungsvertrag verzichtet. In diesem Fall braucht der Käufer nicht zu begehren, daß ihn der Verkäufer von der Schuld gegenüber dem Hypothekgläubiger befreit. Dieses Verlangen muß der Käufer dagegen dann stellen, wenn er dem Hypothekgläubiger bereits haftet, sei es, daß ihn dieser ausdrücklich oder stillschweigend als Hypothekschuldner angenommen hat oder daß die 6 Monatsfrist nach § 416 BGB. abgelaufen ist. Denn der Käufer kann als Schuldübernehmer sich dem Hypothekgläubiger gegenüber nicht darauf berufen, daß der der Schuldübernahme zugrunde liegende Kaufvertrag auf Grund der erfolgten Anfechtung nichtig ist (§ 417 II BGB.; Gruchot, Beiträge, 56, 928). Hat der Käufer nach dem Abschluß des Kaufvertrags und der Vornahme der Auflassung die in Anrechnung auf den Kaufpreis übernommenen Hypotheken ganz oder teilweise **bezahlt**, so ergibt sich folgende Rechtslage:

Wären Kaufvertrag und Auflassung rechtsgültig gewesen, so hätte der Käufer unter Zugrundelegung, daß er noch n i c h t in ein persönliches Schuldverhältnis zu dem Hypothekgläubiger getreten ist (Stadium der Befreiungsverpflichtung) eine fremde Schuld bezahlt. Er hätte, wie die Rechtsprechung annimmt, in Vertretung des persönlichen Schuldners, also für den Verkäufer bezahlt und damit das Schuldverhältnis getilgt (§ 362 BGB.). Die Folge wäre gewesen, daß die Hypothek ganz oder teilweise, im letzteren Fall im Nachrang nach dem dem Gläubiger verbleibenden Restbetrag, als Eigentümergrundschuld auf ihn übergegangen wäre (§§ 1163 I S. 2, 1176, 1177 I, 1191 ff. BGB.). Die Voraussetzungen des § 1143 BGB. sind in diesem Fall nicht gegeben.

Mit der Anfechtung des Kaufvertrags und der Auflassung und der dadurch herbeigeführten Nichtigkeit ergibt sich, daß die Grundschuld oder Teilgrundschuld in der Person des Verkäufers entstanden ist. Dieser kann also, wenn der Käufer die Grundschuld schon auf sich umschreiben lassen hat, Grundbuchberichtigung zu seinen Gunsten verlangen. Er haftet aber selbstverständlich schuldrechtlich, d. i. nach Bereicherungsgrundsätzen dem Käufer für Erstattung des bezahlten Betrags.

Ist der Käufer bereits in ein persönliches Schuldverhältnis zu dem Hypothekgläubiger getreten gewesen, dann stellt sich die Zahlung, weil dieses Schuldverhältnis durch die Anfechtung des Kaufvertrags nicht berührt wird, nach wie vor als Zahlung einer eigenen Schuld dar. In diesem Fall hat der Käufer daher einen mit der Rückgriffshypothek nach § 1164 u. § 1176 BGB. dinglich gesicherten Ersatzanspruch, der ihm für die entsprechende Beurkundung im Grundbuch einen Berichtigungsanspruch verleiht (siehe hiezu auch RG. 80, 317). Hat der Käufer eine Hypothek in Zahlung gegeben, so kann er Rückübertragung dieser Hypothek und Eintragungsbewilligung verlangen, da die Anfechtung des Kaufvertrags auch diese Hypothekübertragung nicht berührt (RGR.-Komm. § 139 Anm. 2).

Das **Zurückbehaltungsrecht** kann er nicht nur wegen der Verwendungen, sondern auch wegen sonstiger Auslagen z. B. Steuern und auch wegen des etwa bezahlten Kaufpreises nebst Zinsen geltend machen. Eventuell auch wegen eines durch das Grundstück erlittenen Schadens.

Die Tatsache, daß das dingliche Geschäft angefochten ist und deshalb die Berichtigung des Grundbuchs und die Herausgabe des Grundstücks verlangt wird (§§ 894, 985 BGB.) steht nicht im Wege. Es wird allerdings die Ansicht vertreten, daß §§ 273, 274 BGB. sich nur auf schuldrechtliche Herausgabeansprüche erstrecke und bei dinglichen Herausgabeansprüchen nur in dem beschränkten Umfange des § 1000 BGB., also nur wegen der Verwendungen Platz greife. Allein dieser Ansicht ist nicht beizupflichten, da § 1000 BGB. seinem Wortlaut und seinem Zweck nach nicht den § 273 BGB. ausschließt. Übrigens läßt sich das Zurückbehaltungsrecht für den Kaufpreis auch in der Weise rechtfertigen, daß nach erfolgter Anfechtung dem dinglichen Herausgabeanspruch gegenüber geltend gemacht werden kann, daß es sich bei dem Herausgabeanspruch nicht um den allgemeinen Herausgabeanspruch, sondern sachlich um den Bereicherungsanspruch (§§ 812, 818 BGB.) handelt und daß deshalb, insolange der Verkäufer durch den Betrag des Kaufpreises bereichert ist, das Grundstück nicht herauszugeben ist (§§ 273, 986 BGB.; Schlegelberger, Das Zurückbehaltungsrecht in Fischer, Bd. XII S. 1; Seuff. Arch. 57 Nr. 102; Bolze, 17 Nr. 88; Dernburg, III. Aufl. Bd. III S. 383 Anm. 8).

b) Unter Zugrundelegung, daß er auch die Aufhebung angefochten hat, aber der Tatbestand des Betrugs § 263 StGB. (strafbare Handlung) vorliegt.

Für die Beurteilung der Ansprüche des betrogenen Verkäufers, abgesehen von seinem Herausgabe- und Berichtigungsanspruch, hinsichtlich des Grundstücks selbst, sind die Vorschriften **über unerlaubte Handlung** mit den allgemeinen Vorschriften über Schadensersatz zugrunde zu legen (§§ 249—251, 823, 848, 849, 992 BGB.).

Die oben erörterten gesetzlichen Bestimmungen über die Haftung des unredlichen Besitzes dem Eigentümer gegenüber kommen in diesem Fall nicht zur Anwendung. **Dies bedeutet eine Ver-**

schärfung der Haftung des Käufers in nachstehenden Richtungen. Er haftet nicht nur für die Nutzungen, die er schuldhafterweise nicht gezogen hat, sondern auch für die, welche der Verkäufer gezogen hätte. Er muß aber auch, was in der Literatur mit Recht angenommen wird (Biermann, Sachenrecht, Anm. zu § 992 BGB.), diejenigen Nutzungen herausgeben, die er, obwohl sie der Verkäufer nicht gezogen hätte, selbst gezogen hat. Er hat z. B. die größere Wohnung, die der Verkäufer selbst bewohnt hatte oder früher nicht verwertete Räume vermietet und dadurch die Erträgnisse erhöht. Der Käufer muß in diesem Falle auch schon vor dem Eintritt des Verzugs für die unverschuldete zufällige Unmöglichkeit der Herausgabe und Verschlechterung des Grundstücks aufkommen, es müßte denn sein, daß die Unmöglichkeit oder Verschlechterung auch bei dem Verkäufer eingetreten wäre. Der Käufer muß also z. B. für einen Brand, den ein geisteskranker Familienangehöriger oder ein Kind gelegt hat, aufkommen (§ 848 BGB.). Der Betrag, der als Wertminderung in diesem Falle verlangt wird, ist mit 4% zu verzinsen, und zwar von dem Augenblick an, in dem er verlangt wird (§§ 246, 849 BGB.). Er muß dem Verkäufer die entgangenen Gebrauchsvorteile und einen etwa entgangenen Gewinn ersetzen, so daß der Verkäufer, wenn er z. B. für Wohnzwecke oder bei einem landwirtschaftlichen Grundstück für den Lebensunterhalt größere Aufwendungen machen mußte oder wenn er in der Zwischenzeit das Anwesen mit Gewinn hätte anderweitig verkaufen können, hiefür den Käufer ersatzpflichtig machen kann. Ist der Anspruch auf Grund unerlaubter Handlung verjährt, dann tritt die Haftung wegen ungerechtfertigter Bereicherung ein (§ 852 II BGB.).

Bezüglich der **Verwendungen** und des **Wegnahmerechts und etwaiger Gegenansprüche** ist die Rechtslage die gleiche wie oben für den zivilrechtlichen Betrug dargestellt. Eine Besonderheit besteht jedoch hier insoferne, als der Käufer für die Verwendungen, wegen sonstiger Auslagen und wegen des Kaufpreises, die er nach dem früher Erörterten ersetzt verlangen kann, das **Zurückbehaltungsrecht nicht** ausüben kann (§ 273 II BGB.).

c) Unter Zugrundelegung, daß nur das Grundgeschäft (Kaufvertrag) angefochten werden kann.

Der Verkäufer kann und muß verlangen, daß der Käufer das Grundstück in den Formen des § 925 BGB. wieder an ihn aufläßt, die Umschreibebewilligung in grundbuchmäßiger Form erteilt[1]) und ihm das Grundstück wieder herausgibt.

Kommt es zum Prozeß, so hat er den Antrag zu stellen, den Käufer in diesem Sinne zu verurteilen. Die **Zuständigkeit** beurteilt sich in diesem Fall nicht nach § 24 ZPO., da nicht das Eigentum

---

[1]) Es ist ratsam, diese Bewilligung zu verlangen, weil es zweifelhaft ist, ob § 20 GBO. die Befolgung des § 19 GBO. entbehrlich macht oder nicht.

geltend gemacht, sondern nur schuldrechtlich die Zurückgabe verlangt wird. Auch § 29 ZPO. kommt nicht in Frage. Die Klage ist daher im allgemeinen Gerichtsstand des Käufers zu erheben (§§ 12, 13 ZPO.; Stein, ZPO. Anm. III 1 § 24).

Wird lediglich die Zurückgabe des Grundstücks verlangt, und zwar als Einzelleistung, so ist der **Streitwert** in dem **Sachwert** (§ 6 ZPO.) ausgedrückt. Umfaßt jedoch der Klagsantrag das ganze Rechtsverhältnis in dem Sinne, daß der Verkäufer nicht nur das Grundstück zurückerhalten, sondern auch von etwa besonders übernommenen Vertragsverpflichtungen befreit sein will, so kommt das Rechtsverhältnis in seiner Gesamtheit in Betracht, so daß der Anspruch auf Zurückverbriefung des Grundstücks nicht einen selbständigen Berechnungsposten bildet, sondern nur einen Rechnungsfaktor bei der Feststellung des wieder herzustellenden früheren Zustands (ROLG. 17, 79). —

Es empfiehlt sich, bei Gericht eine einstweilige Verfügung auf **Vormerkung des Auflassungsanspruchs** zu erwirken (§§ 883, 885 BGB., §§ 935 ff. ZPO.). Ist das ergangene Urteil gegen Sicherheitsleistung vorläufig vollstreckbar erklärt worden (§ 713 ZPO.), so gilt mit dieser Erklärung die Eintragung einer Auflassungsvormerkung als bewilligt (§ 883 BGB., § 895 ZPO.).

Die Eintragung erfolgt auf Antrag des Verkäufers. Mit diesem Antrag sind dem Grundbuchamt vorzulegen das Urteil in vollstreckbarer Ausfertigung nebst Zustellungsnachweis und die Hinterlegungsbestätigung mit Zustellungsnachweis (§§ 750, 751 ZPO.). Die vollstreckbare Ausfertigung wird, wenn die Rückauflassung nur Zug um Zug gegen Erstattung von Gegenansprüchen des Käufers zu erklären ist, nur dann erteilt, wenn dem Gericht die Befriedigung des Käufers oder sein Annahmeverzug nachgewiesen ist (§ 726 II ZPO.).

Ist das Urteil rechtskräftig, so erfolgt die Umschreibung im Grundbuch auf Grund des vorgelegten rechtskräftigen Urteils in vollstreckbarer Ausfertigung nebst dem Nachweis der Zustellung.

Wird der Anfechtungsprozeß durch **Vergleich** beendigt und übernimmt in diesem der Käufer die Verpflichtung, das Grundstück zurückzuübertragen, so kann diese Rückübertragung, weil die Auflassung im Prozeßvergleich nicht erklärt werden kann, nicht sofort vorgenommen werden. Es muß vielmehr, wenn der Käufer der im Vergleich übernommenen Auflassungsverpflichtung nicht freiwillig nachkommt, vom Verkäufer ein besonderes Vollstreckungsverfahren durch Antrag an das Prozeßgericht eingeleitet werden. Bezüglich der Fassung des Antrags und des Beschlusses kommt die Streitfrage in Betracht, ob sich die Vollstreckung nach § 887 ZPO. oder nach § 888 ZPO. richtet. Unter Zugrundelegung der ersteren Ansicht (RG. 55, 58) kann der Verkäufer beantragen, daß er vom Prozeßgericht ermächtigt wird auf Kosten des Käufers die Rückauflassung mit sich selbst (§ 181 BGB.) vorzunehmen. Nach der letzteren Ansicht — Stein, ZPO. § 887 Note 22, § 894 I [1] — ist zu beantragen, daß der Käufer zur Vornahme der Rückauflassung durch Androhung einer Geldstrafe anzuhalten ist. Für den Verkäufer wird es sich daher empfehlen, den Antrag alternativ zu fassen.

Bei einem **Schiedsspruch**, der die Verpflichtung zur Rückauflassung ausspricht, ist das Vollstreckungsurteil zu erwirken (§ 1042 ZPO.). Mit diesem Vollstreckungsurteil kann der Verkäufer auf dem gleichen Wege wie beim Besitz eines gewöhnlichen endgültig oder vorläufig vollstreckbaren Urteils den Rückerwerb des Eigentums am Grundstück herbeiführen.

Ist der Käufer im **Konkurs**, so ist zu unterscheiden, ob der Verkäufer schon vor der Konkurseröffnung eine Auflassungsvormerkung im Grundbuch hat eintragen lassen oder nicht.

Im ersteren Fall kann der Verkäufer auch dem Konkursverwalter gegenüber nach der ausdrücklichen Vorschrift des § 24 KO. die Auflassung, Eintragungsbewilligung und Herausgabe des Grundstücks verlangen. Der Erwerb dieses unentwickelten Aussonderungsrechtes (Jaeger KO. Anm. 14 § 24) bildet eine Ausnahme von § 15 KO.

Beachtet der Konkursverwalter die Vormerkung nicht, so kann der Verkäufer von ihm trotzdem die Auflassung und von dem Dritterwerber die Zustimmung verlangen (§§ 388 I BGB., § 19 GBO.).

Nach der Konkurseröffnung kann auf Grund einer einstweiligen Verfügung eine Vormerkung für den Verkäufer nicht mehr eingetragen werden (§ 885 BGB., §§ 941, 942 II ZPO., § 39 GBO., § 14 II KO.).

Hatte der Käufer schon vor dem Konkurs den Eintrag einer Auflassungsvormerkung bewilligt (§§ 883, 885 BGB.), und zwar in bindender Form, also notariell beurkundet, oder vor dem Grundbuchamt oder durch Aushändigung einer öffentlich beglaubigten Eintragsbewilligung (§§ 19, 29 GBO.) und hat der Verkäufer oder der Käufer den Eintragungsantrag beim Grundbuchamt gestellt, dann wirkt die Vormerkung nach dem Eintrag der Konkurseröffnung gegenüber (§§ 873 II, 878 BGB.). Die Richtigkeit dieses Rechtssatzes ist sehr bestritten. Es ist daher, wenn die Lage des Käufers bedenklich ist, ratsam, mit der größten Beschleunigung auf den Eintrag einer Auflassungsvormerkung bedacht zu sein.

Hat es der Verkäufer versäumt, noch rechtzeitig vor der Konkurseröffnung eine Auflassungsvormerkung in das Grundbuch eintragen zu lassen, dann kann er, wenn es ihm nicht gelungen ist, auch das Übereignungsgeschäft mit Wirksamkeit anzufechten, im Konkurse des Käufers seinen Herausgabeanspruch, und zwar auch dann, wenn das Grundstück noch in der Masse vorhanden ist, nur als **Bereicherungsanspruch** mit dem nach § 69 KO. zu schätzenden

Geldbetrag in der Rolle des Konkursgläubigers geltend machen (§ 3 KO.).

Das Aussonderungsrecht ist ihm versagt. Auch hier zeigt sich mit aller Deutlichkeit, daß die Lage des getäuschten Verkäufers wesentlich günstiger ist, wenn er auch das dingliche Geschäft (Auflassung anfechten kann und ansicht.

Hat der Käufer das Anwesen in der Zwischenzeit **vermietet** oder **verpachtet** und ist die Überlassung an den Mieter oder Pächter erfolgt, so muß der Verkäufer den Miet- oder Pachtvertrag gegen sich gelten lassen. Weil das Eigentum auf den Käufer übergegangen ist und nur schuldrechtlich auf den Verkäufer zurückzuübertragen ist, sind nach der herrschenden Ansicht §§ 571, 581 II BGB. anzuwenden. Die Rückauflassung an den Verkäufer bildet die Veräußerung im Sinne dieser Bestimmungen. Mit beachtenswerten Gründen wird jedoch die Ansicht vertreten, daß die Rückauflassung eine unfreiwillige Veräußerung bilde, weshalb § 571 BGB. nicht einschlägig sei (Mittelstein, Die Miete § 95, 7; Gruchot, Beiträge, 42, 307 und Oertmann, Schuldverhältnisse, § 571 BGB. Anm. 2).

Bezüglich der beiderseitigen Ansprüche im übrigen, also der Ansprüche des Verkäufers wegen Erstattung der **Nutzungen**, wegen **Unmöglichkeit der Zurückgabe**, z. B. wegen Verkaufs und wegen Verschlechterung einerseits und der Ansprüche des Käufers wegen **Aufwendungen** andererseits, können, da der Herausgabeanspruch bezüglich des Grundstücks in dem hier in Rede stehenden Fall schuldrechtlicher, nicht dinglicher Natur ist, die Grundsätze über die Nebenhaftung des Besitzers (§§ 987ff. BGB.) nicht unmittelbar Anwendung finden.

Ihre Anwendung ergibt sich jedoch auf Grund der §§ 142 II, 819, 292 BGB.

Die beiderseitige Ausgleichung vollzieht sich daher auch in diesem Falle nach denselben Regeln, die unter a und b im Falle der gleichzeitigen Anfechtung des dinglichen Geschäftes im einzelnen erörtert worden sind. Bezüglich des **Zurückbehaltungsrechts** ist jedoch folgendes zu bemerken. Die Herausgabe des Grundstücks wird hier schuldrechtlich verlangt. Deshalb ist nicht § 1000 BGB., sondern § 273 BGB. anzuwenden. Dies bedeutet, hier im Gegensatz zu dem dinglichen Herausgabeanspruch zweifelsfrei, daß das Zurückbehaltungsrecht nicht nur wegen der Verwendungen, sondern auch wegen des bezahlten Kaufpreises und der Auslagen geltend gemacht werden kann (vgl. JW. 1909, 133).

2. Die Anfechtung durch den getäuschten Käufer.

Örtlich zuständig ist das Gericht des allgemeinen Gerichtsstandes (§ 12 ZPO.) oder das Gericht in dessen Bezirk das Grundstück liegt, denn der Verkäufer braucht die auf Grund der Anfechtung sich ergebenden Verpflichtungen nur da zu erfüllen, wo das Grundstück liegt (§ 29 ZPO.).

Für die Berechnung des **Streitwerts** gilt folgendes: Hat der Käufer den Vertrag vollständig erfüllt, und verlangt er Zurückbezahlung des Kaufpreises oder Befreiung von Hypotheken bzw. Feststellung, daß die Hypothekübernahme nichtig ist, dann setzt sich der Streitwert aus der geleisteten Zahlung und dem nach freiem Ermessen festzusetzenden Interesse an der Befreiung von den Hypotheken zusammen. Der Kaufpreis und der Wert des Grundstücks spielen keine Rolle. Ist nur ein Teil des Kaufpreises bezahlt und besteht neben übernommenen Hypotheken noch ein hypothekarisch sichergestellter Kaufpreisrest, dann ist der Streitwert gleich dem ziffermäßigen Betrag des zurückverlangten Kaufpreisteils und dem Interesse an der Aufhebung des Vertrags im übrigen, das unter Zugrundelegung der Behauptungen des Klägers nach freiem Ermessen (§ 3 ZPO.) festzusetzen ist. Der Streitwert darf also grundsätzlich nicht hinter dem ziffermäßig verlangten Betrag zurückbleiben (Seuff. Arch. 58 Nr. 16, 62 Nr. 191; RG. 52, 427, 66, 130; JW. 1904, 64).

Als ziffermäßige Leistungen in diesem Sinne kommen aber, worauf besonders hingewiesen werden soll, nur die zurückverlangten Leistungen in Betracht, mithin nicht die Beträge, die zwar ziffermäßig angegeben sind, die aber nicht Leistungen bilden, sondern nur näher bezeichnete Einzelfolgen der Nichtigkeit darstellen (Kaufpreisrest, Betrag der übernommenen Hypotheken). Diese können als Ziffern die Streitwertfestsetzung nicht beeinflussen (RG. 52, 427). —

Der **Käufer kann vom** Verkäufer verlangen Zurückbezahlung des erhaltenen Kaufpreises nebst 4% Zinsen seit Bezahlung (RGRKomm. § 818 Nr. 2 BGB.), dagegen nicht Herausgabe der mit dem erhaltenen Geld angeschafften Vermögenswerte (s. I a. E.). Hat er **Hypotheken** in Zahlung gegeben, so wird regelmäßig mit dem Kaufvertrag auch dieses Erfüllungsgeschäft angefochten werden können, so daß auch die Übertragung der Hypothek nichtig ist.

Handelt es sich um eine **Buchhypothek**, dann kann der Käufer vom Verkäufer die Berichtigung des Grundbuchs in der Form einer eintragungsfähigen Berichtigungsbewilligung verlangen (§ 894 BGB., §§ 19, 29 GBO.). Im Prozesse empfiehlt es sich, den Widerspruch im Wege der einstweiligen Verfügung zu erwirken (§ 899 BGB., §§ 935 ff. ZPO.). Ist das Urteil, durch das der Verkäufer zur Bewilligung der Grundbuchberichtigung bezügl. der Hypothek verurteilt worden ist, nur vorläufig vollstreckbar, so kann auch auf Grund dieses Urteils ein Widerspruch in das Grundbuch eingetragen werden. Im übrigen wird auf das unter I a Ausgeführte verwiesen.

Ist die in Zahlung gegebene Hypothek eine **Briefhypothek**, dann sind folgende Fälle zu unterscheiden:

1. Die Abtretungserklärung ist in öffentlich beglaubigter Form vorgenommen worden.

2. Die Schriftform ist ersetzt worden durch den Eintrag der Abtretung in das Grundbuch (§§ 1154 ff. BGB., §§ 13, 30, 19, 26, 29 GBO.).

3. Der Käufer hat die Abtretungserklärung nur privatschriftlich vorgenommen und dem Verkäufer den Hypothekenbrief übergeben (§ 1154 I BGB.).

In allen drei Fällen ist durch die Anfechtung der Hypothekabtretung das Eigentum an dem Hypothekenbrief wieder an den Käufer zurückgefallen, so daß der Käufer beim Besitzkonstitut wieder ohne weiteres ein freies Verfügungsrecht über den Hypothekenbrief hat und bei der erfolgten Übergabe des Briefes an den Verkäufer von diesem die Zurückgabe des Briefes verlangen kann (§ 952 BGB.). Die Erwirkung einer einstweiligen Verfügung auf Hinterlegung des Hypothekenbriefes wird sich eventuell empfehlen (§§ 935 ff. ZPO.), insbesondere dann, wenn die Abtretungserklärung in öffentlich beglaubigter Form erfolgt ist, der Verkäufer daher im Verkehr regelmäßig trotz der erfolgten Anfechtung noch als wirklicher Gläubiger gilt (§§ 1155, 891, 892 BGB.). Dieser Weg dürfte der Maßregel des Widerspruchs im Grundbuch (§§ §§ 894 ff. BGB.) vorzuziehen sein, ganz abgesehen von der wohl mit Recht aufgeworfenen Frage, ob dieses Sicherungsverfahren hier Platz greifen kann (s. Predari, GBO., Vorbemerkungen § 10 II 5).

Ist die Abtretungserklärung durch den Bucheintrag ersetzt, dann hat der Käufer das Recht, Berichtigung des Grundbuchs und Herausgabe des Hypothekenbriefs zu verlangen. Als Sicherungsmaßregel ist hier der durch einstweilige Verfügung zu erwirkende Widerspruch im Grundbuch gegen die Gläubigereigenschaft des Verkäufers geboten. Dann ist der weitere Verbleib des Hypothekenbriefs in den Händen des Verkäufers ohne Gefahr für den Käufer.

Liegt nur eine privatschriftliche Abtretung mit Übergabe des Hypothekenbriefs vor, so kann nach erfolgter Anfechtung der Verkäufer mit Wirkung gegen den Käufer die Hypothek nicht übertragen und sich zahlen lassen, weshalb Sicherungsmaßnahmen nicht geboten sind (§§ 1154, 1155, 892, 893 BGB.). Es genügt die Herausgabe des Hypothekenbriefs zu verlangen. Bei der Hypothekübernahme in Anrechnung auf den Kaufpreis hat der Käufer den Anspruch auf Befreiung von der persönlichen Schuld, es sei denn, daß auch die Schuldübernahme selbst, z. B. wegen Beteiligung des Gläubigers an der arglistigen Täuschung, anfechtbar und angefochten ist, in welchem Fall § 417 II BGB. nicht einschlägig ist[1]).

Hat der Käufer behufs Tilgung des Kaufpreises eine gewöhnliche Forderung abgetreten, so wird durch die Anfechtung des Kausalgeschäftes (Hauptvertrag) regelmäßig auch die For-

---

[1]) Siehe auch S. 37.

derungsabtretung ergriffen und daher nichtig. Denn nach den Auslegungsregeln §§ 133, 157 BGB. muß angenommen werden, daß mit der Anfechtung des Grundgeschäftes auch die wirtschaftlich mit ihm zusammenhängende Abtretung angefochten werden wollte. Will der Verkäufer die Nichtigkeit der Abtretung nicht anerkennen und verlangt er trotz der Anfechtung von dem Drittschuldner Bezahlung, so kann dieser gemäß § 372 BGB. hinterlegen und der Käufer gegenüber dem Verkäufer nach § 256 ZPO. auf Feststellung der Nichtigkeit der Forderungsabtretung klagen (RG. 70, 88).

Bei der Annahme, daß die Abtretung durch die Anfechtung des Grundgeschäftes nicht berührt wird, muß der Drittschuldner, da der Einwand des angefochtenen Grundgeschäftes nur im Verhältnis zwischen dem Abtretenden und Abtretungsempfänger wirkt, an den letzteren bezahlen. Der Käufer muß hier Rückübertragung verlangen (RG. 93, 74).

Sind mehrere Anfechtungsgegner vorhanden, so haftet der einzelne nur für Rückgewähr des Vermögenswertes, den er empfangen hat. Bezüglich der Rückbezahlung des Kaufpreises sind sie daher nicht Gesamtschuldner[1]).

Der Käufer darf, wenn er auch das **Übereignungsgeschäft** angefochten hat, so daß er dem Verkäufer gegenüber zunächst die Rolle des gutgläubigen Besitzers gehabt hat, die gezogenen Früchte (Feldfrüchte, Miet- und Pachtzinsen) (§§ 99, 100 BGB.) regelmäßig behalten. Auch die noch vorhandenen Früchte braucht er nicht herauszugeben. Er muß jedoch die übermäßig gezogenen Früchte herausgeben, darf also nur die Früchte behalten, die nach den Grundsätzen einer ordnungsmäßigen Wirtschaft als Sachertrag gelten (§ 993 I BGB.). Für die übermäßig gezogenen, z. B. Windbruch, Raubbau, haftet er unter dem Gesichtspunkt der ungerechtfertigten Bereicherung, so daß er auch dann dafür aufkommen muß, wenn er sie nicht mehr hat, z. B. verkauft oder durch eigenen Verbrauch Aufwendungen aus eigenem Vermögen erspart hat. Dagegen ist er dann von der Ersatzpflicht befreit, wenn sie ihm abhanden gekommen oder untergegangen sind (Diebstahl, Brand). Er haftet nicht für eine Beschädigung und ein sonstiges Ereignis, das ihm die Herausgabe unmöglich macht (§ 993 BGB.). Hat er jedoch das Grundstück verkauft, so muß er den Betrag, der dem Verkehrswert zur Zeit der Auflassung des Verkäufers an ihn entspricht bzw. wenn der Erlös geringer ist als dieser, den Erlös dem Verkäufer herausgeben bzw. auf seinen Kaufpreisrückerstattungs- und Verwendungsanspruch anrechnen. Nach der Rechtshängigkeit steht er für jedes Verschulden ein, durch das das Grundstück verschlechtert oder beschädigt wird (§ 989 BGB.).

Notwendige Verwendungen kann der Käufer, der als redlicher Besitzer bei Vornahme der Verwendungen auf die Interessen und den wirklichen oder vermutlichen Willen des Verkäufers nicht Rück-

[1]) Bestritten siehe S. 26.

sicht zu nehmen braucht, auch dann ersetzt verlangen, wenn sie der Verkäufer nicht in dieser Art oder in diesem Umfang gemacht hätte (§ 994 I BGB.); es müßte denn sein, daß sie gewöhnliche Erhaltungskosten sind oder gewöhnliche z. B. wiederkehrende Aufwendungen für Lasten des Grundstücks bilden, in welchem Falle der Käufer, weil er ja auch die Früchte behalten darf und die Gebrauchsvorteile nicht zu vergüten braucht, keinen Ersatz verlangen kann. Dagegen kann er Auslagen, die wirtschaftlich den Stamm des Grundstücks betreffen, z. B. Straßenkosten, Kanalisationskosten ersetzt verlangen (§§ 994 I S. 2, 995 S. 2 BGB.).

Auch **nützliche Aufwendungen**, z. B. für das Setzen von Obstbäumen, Einrichten des elektrischen Lichtes, kann er, weil sie regelmäßig den Wert des Grundstücks steigern, ersetzt verlangen (§ 996 BGB.), vorausgesetzt, daß der Wert des Grundstücks noch zur Zeit der Rückerlangung des Besitzes durch den Verkäufer noch erhöht ist. Zinsen kann er jedoch für diese Aufwendungen nicht beanspruchen (Biermann, Sachenrecht Anm. 3 § 996 BGB.). Für die Verteilung der Früchte und Lasten gelten die Vorschriften der §§ 493, 101 ^{2}, 103 BGB. Von vorausbezahlten Miet- und Pachtzinsen muß daher der Käufer den nach Abzug des auf die Dauer seiner Berechtigung fallenden Betrags verbleibende Teil an den Verkäufer abliefern oder mit ihm verrechnen.

Grund- und **Haussteuern, Hypothekzinsen, Brandversicherungsbeiträge** an öffentl. Versicherungsanstalten braucht er nur für die Dauer seiner Berechtigung zu bezahlen. Er kann also in dieser Richtung teilweisen Ersatz verlangen.

Bezügl. des **Abtrennungsrechtes** gilt das gleiche wie früher bei der Rechtsstellung des betrogenen Verkäufers ausgeführt. Wenn jedoch der Käufer eine Einrichtung herstellen lassen hat, die zu den gewöhnl. Erhaltungskosten gehört, so darf er diese nicht wegnehmen, weil er ja auch für die Nutzungen nicht ersatzpflichtig ist. Er darf also die neuen Scheiben oder Dachziegeln, die er für zerbrochene hat einsetzen lassen, nicht wegnehmen. Ist ein landwirtschaftliches Grundstück herauszugeben, so kann der Käufer die Bestellungskosten für die noch nicht getrennten, jedoch nach den Regeln einer ordnungsmäßigen Wirtschaft vor dem Ende des Wirtschaftsjahres zu trennenden Früchte ersetzt verlangen insoweit sie einer ordnungsmäßigen Wirtschaft entsprechen und den Wert der Früchte nicht übersteigen (§ 998 BGB.). Er kann deshalb regelmäßig Ersatz verlangen, es müßte denn sein, daß sich die Verwendungen auf die übermäßig gezogenen Früchte bezogen haben.

Vom Augenblick der erfolgten Anfechtung bzw. der Rechtshängigkeit an ist die Haftung gesteigert, was sich insbesondere nach der Richtung äußert, daß der Käufer, wenn er Wohnungen leerstehen ließ und dies bei verkehrsüblicher Sorgfalt hätte vermieden werden können, dem Verkäufer schadensersatzpflichtig ist. Im übrigen wird auf das oben unter 1 ^{a} Ausgeführte verwiesen (§§ 819,

292, 987 ff. BGB.). — Der Käufer kann mit der Rückforderungsklage die Klage auf Feststellung der Nichtigkeit des Grundgeschäftes und der Auflassung verbinden. Wenn der Verkäufer die Rückgängigmachung des Kaufs und die Rückzahlung des Kaufpreises verweigert, dann gerät er in Annahmeverzug. Der Käufer kann in diesem Fall den Besitz am Grundstück aufgeben, so daß er für den dadurch entstehenden Schaden nicht haftbar ist. Die Besitzesaufgabe muß er jedoch regelmäßig vorher androhen (§§ 295, 298, 303 BGB., RG. 73, 69).

Die Abrechnung zwischen Verkäufer und Käufer kann sich aber von Anfang an nur nach **Bereicherungsgrundsätzen** beurteilen, nämlich dann, wenn der Käufer nur das Grundgeschäft, nicht dagegen die Auflassung angefochten hat. Denn in diesem Falle können die Ausgleichungsgrundsätze zwischen Eigentümer und Besitzer nicht zur Anwendung kommen.

Nach den Bereicherungsgrundsätzen, die zu einer beiderseitigen Abrechnung führen, ohne daß dabei Aufrechnungs- oder Zurückbehaltungsgrundsätze[1]) in Frage kommen (RG. 72, 133; 86, 343; 94, 253) gestaltet sich die Lage des Käufers im vorliegenden Fall folgendermaßen. Sein Bereicherungsanspruch gegen den Verkäufer, der, wie eingangs erwähnt, grundsätzlich auf Zurückbezahlung des Kaufpreises mit 4% Zinsen und wenn es sich um in Zahlung gegebener Hypotheken oder Sachen handelt, deren Hingabe von der Anfechtung nicht umfaßt wird, auf Rückübertragung dieser Hypotheken und Sachen geht, wobei die Abtretungserklärung durch die rechtskräftige Verurteilung zur Abtretung ersetzt wird (§ 894 ZPO.), wird gemindert durch den Wert der von ihm gezogenen natürlichen und bürgerlichen Früchte und der Gebrauchsvorteile (Miet- und Pachtzinsen, Bewohnen des Anwesens). Dagegen darf er wieder anrechnen die mit dem angefochtenen Geschäft im ursächlichen Zusammenhang stehenden Aufwendungen. Hierher gehören **Vertragskosten, Maklergebühren, Aufwendungen für das gekaufte Grundstück, insbesondere Fruchtgewinnungskosten, Steuern** und **sonstige Lasten, Hypothekzinsen** und **Reparaturkosten**. Dabei darf er auch den Wert seiner und seiner Familienangehörigen Arbeit in Rechnung stellen. Ferner ist es gleichgültig, ob die Aufwendungen notwendig oder nützlich waren und von dem Verkäufer gemacht worden wären.

Werden solche „Gegenforderungen" erst in der Berufungsinstanz geltend gemacht, so ist, um sie berücksichtigen zu dürfen, nicht die Zustimmung des Gegners oder die Glaubhaftmachung der

---

[1]) Auch in diesem Gebiet ist die Rechtsprechung des Reichsgerichts nicht einheitlich. In JW. S. 1919, 377 wird die Auffassung vertreten, daß Gegenforderungen des Bereicherungsbeklagten nicht Rechnungsfaktore eines einheitlichen Anspruchs sind, sondern daß der Bereicherungsbeklagte seine Gegenansprüche durch „Aufrechnung" und „Zurückbehaltung" geltend machen müsse. Die Entscheidung behandelt die Bereicherung aus Anlaß eines nichtigen Tauschvertrags.

unverschuldeten Unmöglichkeit der Geltendmachung in erster Instanz erforderlich (§ 529 III ZPO.). Denn sie bilden nicht **selbständige** Gegenansprüche im Sinne dieser Vorschrift, sondern bedeuten nur qualifiziertes Bestreiten der Höhe des geltend gemachten Anspruchs. Sie bilden aber auch nicht neue Ansprüche im Sinne des § 529 II ZPO. Sie gehören vielmehr dem Rechtsverhältnis an, das rechtshängig ist (RG. 63, 402; Stein, ZPO. Anm. III § 529).

Bedenklich erscheint auch mir (s. Iherings Jahrb. Bd. 61, 279 ff.) die vom RGRKomm. Anm. 6 zu § 818 BGB. (s. auch RG. 72, 1; Warneyer 1919 Nr. 196) vertretene Ansicht, daß der Käufer als Abrechnungsposten auch die Aufwendungen einsetzen dürfe, die er **unnützerweise** oder mit Rücksicht auf den Erwerb des Grundstücks gemacht hat, z. B. eine Vergnügungsreise, da hiedurch die Bereicherung gemindert werde.

In dieser Allgemeinheit kann dieser Rechtssatz nicht aufgestellt werden. Er entspricht nicht dem natürlichen Rechtsempfinden. Es wäre schwer verständlich, wenn man dem Käufer, der, seiner eigenartigen Geschmacksrichtung folgend, sämtliche Decken des gekauften Hauses grün hat anstreichen lassen und in dem mitgekauften Parke italienische Nächte und Zechgelagen gehalten hat, gestatten wollte, gegenüber den Gegenposten des Verkäufers wegen der gezogenen Nutzungen, insbesondere der Gebrauchsvorteile diese Gegenposten seinerseits in Rechnung zu stellen. Das Gesetz zwingt auch nicht zu dieser Annahme. Die Bereicherungshaftung soll einen sachlich ungerechtfertigten Vermögenserwerb auf Kosten eines anderen verhindern. Ob dieser Vermögenserwerb gemacht worden ist, läßt sich, wenn auf beiden Seiten Vermögensänderungen vorliegen, nur in der Weise berechnen, daß von dem einen Teil nur die Vermögensaufwendungen in Rechnung gestellt werden dürfen, die er für die Erlangung und die Erhaltung und Verbesserung des Vermögenswertes, der als ungerechtfertigte Bereicherung erachtet wird, machen mußte oder gemacht hat oder die mindestens im **adäquaten** Zusammenhang mit der Erlangung des herauszugebenden Grundstücks stehen. Nur in diesem Rahmen kommt man zu einem praktisch brauchbaren nicht ins Uferlose gehenden Rechtssatz. Brauchbare Grundsätze scheinen mir in der (Gruchots Beiträge Bd. 62 S. 239) abgedruckten Entscheidung aufgestellt zu sein. Dort ist im wesentlichen folgendes ausgeführt:

Der Vermögensmehrung ist dasjenige gegenüber zu stellen, was im **Zusammenhang** mit ihr aufgewendet worden ist (s. auch RG. 86, 85). Vorteile und Nachteile müssen miteinander im Zusammenhang stehen. Die Nachteile, d. i. die Vermögensaufwendungen, müssen solche sein, die dem herausgabepflichtigen Bereicherten nicht ohne das zur Herausgabe verpflichtende Ereignis widerfahren wären.

Der Sinn dieser Ausführungen muß im Zusammenhalt mit dem Tatbestand dahin aufgefaßt werden, daß nur **unvermeidbare** Ausgaben in Gegenrechnung gestellt werden dürfen. Die Anwendung der Grundsätze über die Vorteilsausgleichung, wie sie durch die Rechtsprechung des Reichsgerichts aufgestellt worden sind, wird auch hier im einzelnen Fall zu brauchbaren und dem Rechtsempfinden verständlichen Entscheidungen führen. Aufwendungen, die mit dem zur Herausgabe verpflichtenden Ereignis nicht in **ursächlichem**, sondern nur in **veranlassendem** Zusammenhang stehen, können daher bei der Ausgleichung als Rechnungsposten nicht in Frage kommen (vgl. hiezu RG. 93, 144). —

Der Verkäufer kann die Zurückgabe des Grundstücks mit den gezogenen, noch vorhandenen Früchten verlangen, eventuell auch Ersatz für die verbrauchten und die gezogenen Nutzungen berechnen, wenn der Käufer durch den Verbrauch und die Nutzungen Aufwendungen aus eigenem Vermögen erspart hat.

Die **Unmöglichkeit** der **Zurückgabe** oder die **Verschlechterung** des Grundstücks stehen dem Bereicherungsanspruch des Käufers nicht im Wege. Denn nach Bereicherungsgrundsätzen trifft die Gefahr des Untergangs und der Wertverringerung den Verkäufer. Dieser kann daher bei der nach Bereicherungsgrundsätzen vorzunehmenden Abwägung von Vorteilen und Nachteilen nicht verlangen, daß z. B. der Wert des abgebrannten Anwesens oder der frühere Wert als Rechnungsfaktor angesetzt wird. Er muß sich vielmehr nach § 818 II, III BGB. damit begnügen, daß die gegenwärtige Sachlage und nicht die zur Zeit des Vertragschlusses zugrund gelegt wird (RG. 94, 253). —

Ist das Grundstück vor oder nach erfolgter Anfechtungserklärung vom getäuschten Käufer um einen höheren Preis, als der Marktpreis zur Zeit der Auflassung betragen hat, weiterverkauft worden, dann hat der Anfechtungsgegner nach dem allgemeinen Grundsatz, daß sich der Bereicherungsanspruch nicht auf den Gewinn, der durch eine Weiterveräußerung erzielt worden ist, erstreckt, keinen Anspruch darauf, daß dieser Gewinn bei der Ausgleichung in Rechnung gestellt wird.

Beispiel: A ist beim Kauf eines Gutes bezüglich der Ernteerträgnisse getäuscht worden.

Er hat im Prozeßweg angefochten. Wegen der gestiegenen Preise hat er während des Prozesses mit 100 000 Mark Gewinn weiterveräußert.

Er kann die Anfechtung weiterbetreiben, daneben den Schadensersatz nach § 823 BGB. verlangen und braucht sich den Einwand, daß er beim Weiterverkauf des Gutes erheblich verdient habe, nicht entgegenhalten zu lassen (RG. 101, 389)[1]).

[1]) Diese Entscheidung kann aber nur unter der Voraussetzung zugestimmt werden, daß man den Gewinn beim Weiterverkauf als nicht im adäquaten Kausalzusammenhang mit dem Kauf stehend erachtet.

Nur dann gestaltet sich die Berechnung der Bereicherung anders, wenn die Unmöglichkeit oder die Verschlechterung nach der **Rechtshängigkeit**, z. B. nach erhobener Widerklage, eingetreten ist (§ 818 IV BGB.; §§ 263, 267, 281 ZPO.).

Die Rückgabe muß in der Form der Rückauflassung und Eintragung in das Grundbuch erfolgen[1]). Der Käufer hat das Zurückbehaltungsrecht nach §§ 273, 274 BGB., bis er für seine Forderungen befriedigt ist, wie umgekehrt auch der Verkäufer die Rückzahlung der von dem Käufer gemachten Leistungen auf Grund der Geltendmachung des Zurückbehaltungsrechtes nur Zug um Zug gegen Rückauflassung des Grundstücks zu betätigen hat. —

Wenn der Verkäufer bezügl. der Rücknahme des Grundstücks im Verzug ist, so hat auch hier der Käufer das Recht der Besitzaufgabe, was aber keinen Einfluß hat auf seine fortbestehende Verpflichtung, das Grundstück dem Verkäufer wieder aufzulassen und bei der Umschreibung im Grundbuch mitzuwirken.

Hat der Käufer das Grundstück noch **vor der Auflassung** an einen Dritten verkauft und ist es vom Verkäufer auf Weisung des Käufers unmittelbar an diesen Dritten aufgelassen worden, so gestaltet sich im Falle der Anfechtung des Käufers die Ausgleichung zwischen ihm und dem Verkäufer folgendermaßen.

Sind die Voraussetzungen des § 142 II BGB. nicht gegeben, hatte also der Dritte von der Anfechtbarkeit des Kaufes seines Verkäufers nicht Kenntnis bzw. mußte er diese nicht kennen, dann kann die Anfechtung des Käufers seinem Verkäufer gegenüber, den Eigentumserwerb des Dritten (§§ 433, 925 BGB.) nicht beeinträchtigen. Der Eigentumserwerb des Dritten findet hier trotz der Anfechtung des Käufers seinen Schutz in den Vorschriften zugunsten desjenigen, der gutgläubig von einem Dritten erworben hat. Eine Bereicherung des Dritten kann nicht in Frage kommen, gleichgültig ob er das Grundstück noch im Besitz oder etwa weiterveräußert hat. Sie ist weder im Verhältnis zu dem ersten, noch zu dem zweiten Verkäufer gegeben. Dem ersten gegenüber nicht, weil dieser seine Verpflichtung auf Auflassung gegenüber seinem Käufer erfüllen wollte und erfüllt hat. Dem zweiten gegenüber nicht, weil auch dieser zur Auflassung verpflichtet war. Zu dem gleichen Ergebnis kommt man auf Grund des Rechtssatzes, daß der gutgläubige Erwerb ein Rechtsgrund ist, der jedem gegenüber durchgreift (Planck, BGB. Anm. 1 § 816; RG. 69, 246).

Bei der Ausgleichung hat daher der anfechtende Käufer in diesem Falle dem Verkäufer dasjenige, was er bei dem Weiterverkauf für das Grundstück erhalten hat und noch in seinem Vermögen hat gutzuschreiben, mithin eingenommene Geldbeträge zu

---

[1]) Eine Hypothek, die sich der täuschende Verkäufer für den Kaufpreisrest hat eintragen lassen, verwandelt sich nicht in eine Eigentümergrundschuld des Verkäufers, sondern erlischt. v. Thur Bd. I, 2 § 57 Anm. 101a.

verrechnen und einen etwa noch ausstehenden Kaufpreisrest abzutreten, wobei er aber eine Gewähr für die Einbringlichkeit in keiner Weise zu übernehmen hat.

Diese Rechtslage kann praktisch werden, wenn der Dritte z. B. den Minderungsanspruch gegen den Käufer erhebt und dieser nunmehr, da er erst jetzt die Täuschung erfährt, den Kaufvertrag seinem Verkäufer gegenüber anficht.

Ist der Dritte beim Erwerb des Grundstücks **schlechtgläubig** nach § 142 II BGB. gewesen, hatte er nämlich von der Anfechtbarkeit des Erwerbs seines Verkäufers, im Sinne der hier zur Erörterung stehenden Frage des Käufers, Kenntnis oder mußte er diese haben, dann ist er in seinem Eigentumserwerb nicht geschützt, wenn der Käufer den von ihm mit seinem Verkäufer abgeschlossenen Grundvertrag und gleichzeitig auch die Auflassung angefochten hat. Damit steht fest, daß der Käufer niemals Eigentümer war und daß dies der Dritte gewußt hat. Dann hat der Verkäufer gegenüber dem Dritten, der das Grundstück noch besitzt, den Berichtigungs- und Herausgabeanspruch, der als solcher bei der Ausgleichung zu berücksichtigen ist.

Hat dagegen der schlechtgläubige Dritte das Grundstück ebenfalls weiterveräußert, dann hat der Verkäufer einen in § 816 BGB. begründeten **Bereicherungsanspruch**. Fraglich ist, ob in diesem Fall die dem Verkäufer durch die Hergabe seines Grundstücks entstandene Vermögensminderung durch diesen Bereicherungsanspruch, insoweit er besteht, ausgeglichen wird oder nicht. Das Reichsgericht (86, 343) vertritt den m. E. zutreffenden Standpunkt, daß es in einem Fall wie hier nicht der Billigkeit entsprechen würde, den Vertragsgegner zum Ausgleich für das von ihm Aufgeopferte auf den Bereicherungsanspruch gegenüber einem Dritten zu verweisen und ihm das Risiko dieses Anspruchs zu überbürden. Dem Verkäufer ist daher in diesem Fall bei der Bereicherungsabrechnung der Wert dieses Bereicherungsanspruchs mit der Wirkung, daß er unter Umständen nichts an den Käufer zurückzuzahlen hat, **gutzuschreiben**, während er dem Käufer den Bereicherungsanspruch gegen den Dritten ohne Gewähr für das Bestehen und die Güte abzutreten hat[1]).

Hat jedoch der Käufer nur das Grundgeschäft angefochten, dann ist der Eigentumserwerb des Dritten, weil die Auflassung wirksam bleibt, nicht nur formal, sondern auch materiell rechtsbeständig. Er wird durch die auf Grund der Anfechtung zwischen dem ersten Verkäufer und Käufer ausgelösten schuldrechtlichen Rechtsbeziehungen nicht berührt. Der Fall ist so gelagert, daß

[1]) Ich wollte in der 1. Aufl. S. 14, wie die Beifügung des Zitats RG. 86, 343 ergibt, nur diesen speziellen Fall skizzieren. Die Bedenken, welche Günther JW. 1918, 544 äußert, dürften daher insoweit unbegründet sein. Immerhin haben sie mich angeregt, die einschlägigen Rechtsfragen in der vorliegenden Auflage eingehender zu prüfen. Hiebei habe ich auch die Ausführungen von der Pfordtens LZ 1919, 221 berücksichtigt. —

ein anderer als der Schuldner die Forderung des Gläubigers, hier des Dritten, erfüllt hat und daß der Rechtsgrund, der den Leistenden zur Befriedigung des Dritten bestimmt hat, nachträglich weggefallen ist. Die Bereicherung ist hier nicht in der Person des Dritten gegeben, vorausgesetzt, daß er entgeltlich erworben hat. Bereichert ist vielmehr der Käufer, weil die Leistung des Verkäufers *sachlich* eine solche an den anfechtenden Käufer bildete und der Rechtsgrund für diese Leistung nunmehr durch die Anfechtung weggefallen ist. Die Rechtslage ist hier die gleiche, wie sie oben für den Fall der Gutgläubigkeit des Dritten besprochen worden ist. Dem Verkäufer ist also bei der Ausgleichung der Wert der Vermögensmehrungen gutzuschreiben, die der Käufer auf Grund des Weiterverkaufs des Grundstücks in Gestalt des Reinerlöses erhalten hat. —

Ein ähnlich gelagerter Fall wird in LZ. 1919, 225 erwähnt. In diesem hatte der Käufer eines Grundstücks in Anrechnung auf den Kaufpreis nach der Weisung des Verkäufers eine Hypothek an dessen Bruder abgetreten. Dieser hatte die Hypothek bezahlt erhalten und damit angeblich Forderungen gegen den Verkäufer beglichen. Der Kaufvertrag ist später angefochten worden. Zur Entscheidung stand die Frage, ob gegen den Dritten (Bruder), nachdem der Rechtsgrund für die Hypothekabtretung weggefallen war, ein *Bereicherungsanspruch* auf Grund der Hypothekbeitreibung geltend gemacht werden konnte oder nicht. Das Reichsgericht hat entschieden, daß es darauf ankommt, ob der Bruder tatsächlich Forderungen gegen den Verkäufer hat und welchen Wert diese Forderungen haben (s. auch BZfR. 1912, 331). Es ist daher unter Umständen eine Bereicherungshaftung des Dritten gegeben, nämlich dann, wenn ihm Forderungen überhaupt nicht zustanden oder wenn diese mit Rücksicht auf die Verhältnisse des Verkäufers wertlos waren. Im entgegengesetzten Fall ist selbstverständlich der Verkäufer bereichert.

Einer Erörterung bedarf schließlich noch die praktisch wichtige Frage, welchen Einfluß die Anfechtung des vermittelten Geschäftes auf den **Mäklerlohn** hat (§ 652 BGB.). Die Verpflichtung zur Bezahlung dieses Lohnes besteht nur dann, wenn der Vertrag infolge des Nachweises oder infolge der Vermittlung des Mäklers *zustand* gekommen ist. Daraus folgt, daß bei der durch die Anfechtung nachträglich herbeigeführten Nichtigkeit des Veräußerungsvertrags geradeso wie bei der von Anfang an z. B. wegen Formmangels (§ 313 BGB.) gegebenen Nichtigkeit ein Mäklerlohn nicht verdient ist, die Bezahlung also verweigert oder der bezahlte Mäklerlohn, wegen ungerechtfertigter Bereicherung, wenn der Mäkler sich am Betrug beteiligt hat, auch auf Grund unerlaubter Handlung zurückverlangt werden kann (§§ 812, 818, 819, 823 II, 826 BGB. § 263 StGB.). Dies kann keinem Zweifel unterliegen, wenn die Partei, welche den Mäklerlohn zahlen soll oder gezahlt hat, den

Grundstücksvertrag wegen Betrugs des anderen Teils angefochten hat.

Zweifelhaft kann die Rechtslage sein, wenn die für den **Mäklerlohn haftbar** gemachte **Partei selbst den Betrug** verübt hat, also Anfechtungsgegner ist. Man könnte geneigt sein in Anwendung des Rechtssatzes, daß die Berufung auf einen verübten Betrug, um Ansprüche zu bekämpfen, im Munde des Betrügers selbst unsittlich ist, dem Mäkler den Mäklerlohn zuzubilligen. Dieser Standpunkt wird im Schrifttum und in der Rechtsprechung auch zum Teil vertreten (Rechtspr. OLG. 18, 16; Recht 1907, 765).

Das Reichsgericht (76, 354), dem sich nunmehr auch Staub, HGB. X. Aufl. Exkurs vor § 93 Anm. 1 angeschlossen hat, vertritt unter teilweiser Zustimmung der Praxis (LZ. 1919, 1030) den entgegengesetzten Standpunkt. Es sagt, die Arglist habe in diesem Fall geradezu den Mäklerlohn zur Entstehung gebracht. Der Mäkler handele demnach unsittlich. Denn er wolle den Betrug ausnützen, um einen Anspruch geltend zu machen, der ohne Betrug gar nicht hätte entstehen können bzw. entstanden wäre.

Die hier entwickelten Rechtsgrundsätze können im einzelnen Fall das Richtige treffen. Sie sind praktisch verwertbar, wenn der Betrug des Provisionsschuldners verübt wurde und verübt werden mußte, um das Geschäft überhaupt zum Abschluß zu bringen („dolus causam dans“). Dagegen wird dem Makler vorausgesetzt, daß er sich am Betrug nicht beteiligt hat, dann der Provisionsanspruch nicht zu versagen sein, wenn der Betrug verübt wurde, um den an und für sich abschlußgeneigten Vertragsgegner zur Bewilligung günstigerer Vertragsbedingungen, z. B. Zahlung eines höheren Kaufpreises zu bestimmen. In diesem Falle dürfte dem Mäkler der Provisionsanspruch gegen den Betrüger unter Zugrundelegung des Kaufpreises, den der Gegner nachweisbar ohne Betrug bezahlt hätte, zuzubilligen sein, vorausgesetzt, daß dieser Betrug noch annähernd als Marktpreis erachtet werden kann.

Die oben gestreifte Frage, ob sich der Mäkler selbst am Betrug beteiligt hat, ist dann von wesentlich praktischer Bedeutung, wenn nach erfolgter Anfechtung die Provision von ihm zurückverlangt wird. Hat er sich an dem Betrug beteiligt, dann kann er nicht den Einwand bringen, das Geld sei ihm gestohlen worden, oder ihm abhanden gekommen, oder er habe es für eine bessere Lebenshaltung verbraucht (§§ 812, 813 III BGB.). Er muß vielmehr trotz solcher Tatsachen die Provision zurückzahlen. Denn er ist schadensersatzpflichtig (§§ 249, 819, 823 II, 826 BGB. § 263 StGB.).

Noch zweifelhafter ist die Frage bezüglich des Mäklerlohns, wenn gewandelt oder der Vertrag auf Grund unerlaubter Handlung schuldrechtlich aufgehoben wird (siehe hierüber Seite 61, 84).

Aus dem Erörterten ergibt sich, daß auch im Hinblick auf die Zurückbezahlung eines Mäklerlohns die Frage einer vorsichtigen

Prüfung bedarf, ob man anfechten, wandeln oder Schadensersatz verlangen will.

Liegt eine **Bürgschaft** für den Kaufpreis vor und hat der Bürge den Kaufpreis oder einen Teil davon bezahlt, so kann er diesen im Fall der erfolgreichen Anfechtung nach Bereicherungsgrundsätzen (§§ 812, 818 BGB.) vom Verkäufer zurückfordern.

IV.

Die Gewährleistungsansprüche wegen arglistiger Täuschung.

A. Im allgemeinen.

Arglistige Täuschung begründet ferner eine **Gewährleistungspflicht**, die **vertragsgemäß nicht ausgeschlossen** werden kann, so daß entsprechende Klauseln im Kaufvertrag bei der Behauptung einer arglistigen Täuschung **unbeachtlich** sind (§§ 463, 476 BGB.). Das Bürgerl. Gesetzbuch gewährt **bei arglistigem Verschweigen** eines Fehlers zur Zeit des Abschlusses des Kaufvertrags neben der Wandlung und Minderung auch einen Anspruch auf **Schadensersatz wegen Nichterfüllung**. Der beim Gefahrübergang (Auflassung ev. Eintragung in das Grundbuch) noch vorhandene Fehler muß aber schon zur Zeit des Vertragsschlusses vorhanden gewesen sein[1]). Der Feststellung des **Kausalzusammenhangs** zwischen der arglistigen Täuschung und dem Willensentschluß des Käufers bedarf es im Gegensatz zur Anfechtung und der außervertraglichen Betrugshaftung **nicht** (RG. 55, 210; 81, 13; LZ. 17, 306). Der Käufer kann mithin auch dann Gewährleistungsansprüche erheben, wenn ihm die vorgespiegelte oder arglistig verschwiegene Eigenschaft zunächst gleichgültig war. Es braucht nicht geprüft zu werden, ob der Käufer ohne die Täuschung vom Kauf Abstand genommen oder einen geringeren Preis bewilligt hätte. Es muß jedoch dargetan werden, daß der Verkäufer die unrichtigen Angaben in dem Bewußtsein gemacht hat, daß sie möglicherweise und nach vernünftigem Ermessen von Einfluß auf den Entschluß des Kauflustigen sein können.

Dieser Anspruch ist ein **vertraglicher**. Die Grundlage ist der Vertrag, nicht das **Delikt**[2]). Es unterliegt also nicht der kurzen

[1]) Die verschiedenen Rechtsbehelfe sind keine eigentlichen Wahlschulden im Sinne der §§ 262 ff. BGB.

[2]) Der Schadensersatzanspruch richtet sich daher nur gegen den Vertragsgegner. Wer Vertragsgegner ist, wird regelmäßig zweifelsfrei sein.

Im Fall, daß ein Dritter durch Betrug eines oder mehrerer Gesellschafter bestimmt worden ist, in eine offene Handelsgesellschaft oder Kommanditgesellschaft einzutreten und ein Grundstück einzulegen, sind Vertragsgegner die einzelnen Gesellschafter, nicht die Gesellschafter in ihrer Gesamtheit als Inhaber des Gesellschaftsvermögens Es haften daher nur die täuschenden Gesellschafter, nicht das Gesellschaftsvermögen auf Schadensersatz, es müßte denn sein, daß eine Haftung der übrigen Gesellschafter mit ihrem Privatvermögen nach § 831 BGB. begründet werden kann. RG. 91, 412.

Verjährung des § 852 BGB., sondern der 30jährigen nach § 195 BGB. Auch die Aufrechnung mit Gegenansprüchen ist ihm gegenüber zulässig, da § 393 BGB., der einer ausdehnenden Auslegung nicht zugänglich ist, nicht entgegensteht.

Es mag hiebei erwähnt werden, daß durch die Vorschrift des § 463 BGB. die Bestimmung des § 459, wonach sich die Wandlung und Minderung auf solche Fehler beschränkt, die zur Zeit des Gefahrübergangs vorhanden sind, nicht berührt wird (Seuff. Arch. 66 Nr. 93).

Der vertragsmäßige Schadensersatzanspruch nach § 463 BGB. kann aber unter bestimmten Voraussetzungen auch erhoben werden, wenn **arglistige Vorspiegelungen** (Gegensatz „**Verschweigen**") gemacht werden.

Das Reichsgericht hat in der bereits erwähnten Entscheidung 66, 335 ff. den Grundsatz aufgestellt, daß der Käufer, dem bei Abschluß des Kaufvertrags Eigenschaften der verkauften Sache betrügerisch vorgespiegelt worden sind, in sinngemäßer Anwendung des § 463 BGB. den Verkäufer an seinen falschen Versicherungen festhalten und auf Grund des **Vertrags** von ihm Schadensersatz wegen Nichterfüllung, also das sog. **Erfüllungsinteresse** beanspruchen kann. Der Verkäufer haftet, wie wenn er die Eigenschaften vertragsmäßig zugesichert, demnächst aber nicht gewährt hätte. Das Reichsgericht hat damit den früheren Standpunkt (RG. 59, 157; 63, 112), daß der betrogene Käufer das positive Erfüllungsinteresse auf Grund des § 826 BGB. also auf Grund unerlaubter Handlung verlangen könne, ein Standpunkt, der mit § 249 BGB. nicht begründet werden konnte, verlassen. An dem in Bd. 66, 335 ausgesprochenen Rechtsgrundsatz, mit dem es in rechtsschöpferischer Weise einem Bedürfnis der Praxis nachgekommen ist, hält es in ständiger Rechtsprechung fest[1]). Daraus folgt, daß bei vorgespiegelten Eigenschaften dem Käufer anstatt des Rechts auf Wandelung und Minderung auch das Recht auf Schadensersatz wegen Nichterfüllung zusteht.

In der Rechtsprechung wird mit Recht darauf hingewiesen, daß die betrügerischen Zusicherungen häufig in Formen gekleidet werden, die es nicht ermöglichen, sie als im Vertrag greifbare, daher **vertragsmäßige**, zu behandeln. Denn sie werden fast ausnahmslos, in der Meinung, dadurch der Haftung zu entgehen, in die Notariatsurkunde nicht aufgenommen.

Die Analogie füllt daher sicher eine Lücke aus.

Das Reichsgericht hat seinen Standpunkt neuerdings trotz der Bekämpfung ausdrücklich **aufrechterhalten** (RG. 92, 295) und dabei

---

[1]) Von den Gegnern des Reichsgerichts sind hervorzuheben: Riehl, arglistige Täuschung S 43 ff., v. Thur Bd. I, 2 § 68 a. E. Eine neuerliche Erörterung dieser Streitfrage liegt nicht im Rahmen dieser Abhandlung, um so weniger als der Standpunkt des Reichsgerichts sicher den Bedürfnissen der Praxis entspricht.

auf Dernburg, BR. 4. Aufl. Bd. II Abt. 2 § 185 Anm. 2 e, Gierke, Deutsches Privatrecht Bd. III § 194 Anm. 43, Arch. bürg. Recht Bd. 39 S. 6 Bezug genommen. —

Wenn eine **vertragsmäßige** Schadensersatzklage auf Grund **betrügerischer Vorspiegelung** oder **arglistigen Verschweigens** nach § 463 BGB. erhoben werden will, so ist folgendes zu beachten. Es muß ein **Kauf** oder doch ein **kaufähnliches Rechtsgeschäft gegeben sein** (Warneyer 1915 Nr. 14). Die gesetzliche Bestimmung ist nur einschlägig, wenn **Eigenschaften** des Grundstücks, also tatsächliche oder rechtliche Verhältnisse, die zufolge ihrer Beschaffenheit und vorausgesetzten Dauer nach den Verkehrsanschauungen einen Einfluß auf die Wertschätzung der Sache auszuüben pflegen, also **wertbildend** oder **werterhöhend** sind, verschwiegen oder vorgetäuscht worden sind (RG. 59, 243). Arglistiges Verschweigen oder betrügerisches Vorspiegeln kommt daher im Sinne des § 463 BGB. dann nicht in Betracht, wenn es sich auf den **Mangel im Recht** bezieht. Mit dem Grundstück verbundene Rechte, insbesondere ein dem Nachbargrundstück gegenüber bestehendes Untersagungsrecht, gelten gemäß § 96 BGB. als wesentliche Bestandteile des Grundstücks. Sie können nicht gleichzeitig als Eigenschaften erachtet werden. Es ist daher ausgeschlossen, daß der Verkäufer eines Grundstücks, bezüglich dessen er z. B. das Bestehen eines nicht eingetragenen Rechtes zugesichert hat, für das Fehlen dieses Rechtes aus dem Gesichtspunkt des Mangels einer zugesicherten Eigenschaft vertragsmäßig haftbar gemacht werden kann (RG. 93, 71; siehe auch RG. 52, 1; 61, 84). Die Anwendung des § 463 BGB. scheidet ferner aus, wenn ein **Kauf von Rechten**, z. B. **Hypothek, Erbbaurecht** (s. Verord. 15. Jan. 1919; RGBl. S. 72) in Frage steht. In diesen Fällen sind die Grundlagen für eine Schadensersatzpflicht in den §§ 433, 437, 440, 320—327 BGB. gegeben. Auch auf den Mäklervertrag findet § 463 BGB. nicht Anwendung (LZ. 1917, 226, 305). Dagegen sind den körperlichen Sachen nach der Rechtsprechung des Reichsgerichts andere Verkehrsgüter, insbesondere **Handelsgeschäfte, Pensionen**, gleichgestellt (RGRKomm. Anm. 3 zu § 459 BGB.), was von Wichtigkeit werden kann, wenn in dem verkauften Anwesen ein derartiges Geschäft betrieben wird und das Anwesen gerade deshalb gekauft worden ist. —

Von den oben erwähnten Fällen kommen daher als solche, in denen nach § 463 BGB. ein vertragsmäßiger Schadensersatzanspruch gegeben ist, in Betracht z. B. unrichtige Angaben bezüglich der Mietserträgnisse, des Anschlußgeleises, des Bierverbrauchs, der „Brauereifreiheit" (RG. 95, 175), der Unkosten und Größe, der Schwammfreiheit, der baupolizeilichen Beschränkungen, der Schankerlaubnis, der Bodenbeschaffenheit und des Zustandes der Gebäude. Bezüglich der Größe ist dies in § 468 BGB. ausdrücklich bestimmt.

Auszuscheiden haben unrichtige Angaben bezüglich der **Wertzuwachssteuer**, der **hypothekarischen Belastung** des Bestehens von **Grunddienstbarkeiten**, überhaupt solcher Umstände, die nicht als Sacheigenschaften in dem oben erörterten Sinn zu erachten sind[1]). Nicht in Anwendung kann § 463 BGB. kommen, wenn sich der Käufer bezüglich der in Zahlung gegebenen Hypotheken eines arglistigen Verschweigens oder einer betrügerischen Vorspiegelung schuldig gemacht hat.

Auch dann nicht, wenn der Verkäufer eines Grundstücks durch unwahre Angaben über die Vermögensverhältnisse des Käufers und über den Wert der in Zahlung gegebenen Hypotheken getäuscht worden ist (Warneyer 1915 Nr. 275). Desgleichen wenn dem Käufer des Grundstücks die polizeiliche Erlaubnis nicht wegen der Beschaffenheit des Grundstücks oder der Lage, sondern aus anderen Gründen versagt worden ist (BayZ. 1908, 310).

Fällt die Eigenschaft erst nach dem Abschluß des Kaufvertrags weg und wird dies bei der Übergabe oder Auflassung verschwiegen, so ist diese Täuschung bei der Erfüllung nicht nach § 463 BGB. zu behandeln. Der Verkäufer haftet hier nach § 325 BGB. und bei unverschuldeter Verschlechterung überhaupt nicht auf Schadensersatz, sondern nur nach den Grundsätzen über Wandelung und Minderung.

Im Falle der betrügerischen Vorspiegelung steht der vertragsmäßige Schadensersatzanspruch nach § 463 BGB. auch dann zur Verfügung, wenn die Vorspiegelungen **nicht zum Bestandteil der Notariatsurkunde gemacht worden sind.**

Denn es handelt sich nur um betrügerische Zusicherungen bei den **Vorverhandlungen**, die nicht Vertragsinhalt sind und auch nicht werden sollten, vielmehr nur soweit sie **Eigenschaften** des Vertragsobjektes betreffen, wie **vertragliche Zusicherungen behandelt werden sollten.** Die Arglist des Verkäufers kann mithin allen Angaben über Sacheigenschaften, die mangels notarieller Beurkundung bedeutungslos wären, rechtliche Kraft nach Art der Garantie verschaffen[2]). Der in der Praxis häufig betonte Gesichtspunkt, daß die betrügerischen Vorspiegelungen nicht zur Grundlage von Schadensersatzansprüchen gemacht werden könnten, weil sie in der notariellen Kaufsurkunde nicht enthalten sind, beweist, daß in den beteiligten Kreisen immer noch Unklarheit hinsichtlich der durch den Analogieschluß des Reichsgerichts geschaffenen Rechts-

---

[1]) Zusicherungen, die sich nicht mit den Eigenschaften des Grundstücks beschäftigen, können aber, vorausgesetzt, daß sie in der Notariatsurkunde aufgenommen sind oder hinsichtlich ihrer bei der Auflassung und Eintragung in das Grundbuch noch Einigkeit besteht, unter dem Gesichtspunkt des Garantievertrags die Grundlage eines vertragsmäßigen Schadensersatzanspruchs bilden z. B. die Zusicherung der künftigen Entwicklung des Stadtviertels, in dem das Anwesen liegt.

[2]) Dagegen nicht bei anderen Angaben, die nur durch **ausdrückliche verbriefte** Garantie diese Wirkung haben.

lage besteht. In diesem Zusammenhang ist wiederholt darauf hinzuweisen, daß der **Ausschluß der Gewährleistung im Kaufvertrag** bei arglistigem Verschweigen und Vorspiegeln den Gewährleistungsansprüchen **nicht** im Wege steht (§ 476 BGB.).

Verübt die arglistige Täuschung ein **Vertreter**, so wird nach RG. 83, 242 in den unter § 463 BGB. fallenden Tatbeständen ein vertragsmäßiger Anspruch gegen den Vertretenen ausgelöst, womit ein Anspruch auf Grund unerlaubter Handlung gegen den Vertreter zusammentreffen kann. **Der Vertretene kann sich nicht durch den Entlastungsbeweis** nach § 831 BGB. befreien. Denn der Schadensersatzanspruch, der geltend gemacht wird, ist ein **vertraglicher.**

Ist der Vertreter ein **gesetzlicher** (Vater, Mutter, Vormund, §§ 1627, 1630, 1676, 1678, 1679, 1680, 1684, 1685, 1686, 1697, 1773 BGB.), dann wäre nach RG. 61, 207, wenn die betrügerische Vorspiegelung nicht formell Bestandteil der Vertragsurkunde geworden, sondern nur bei Gelegenheit des Vertragsschlusses mündlich gemacht worden ist, eine vertragsmäßige Haftung des Mündels auf das Erfüllungsinteresse nicht gegeben. An diesem Rechtsstandpunkt soll nach Arch. f. zivil. Praxis 114, 394 trotz des veränderten Standpunkts des Reichsgerichts in Bd. 83, 242 nach wie vor festzuhalten sein, weil in der letzteren Entscheidung ein r e c h t s g e s c h ä f t l i c h bestellter Vertreter (Generalbevollmächtigter) in Frage stand und weil bei der gesetzlichen Vertretung, wenn die Zusicherung nicht in die Vertragsurkunde aufgenommen ist, sie auch nicht vormundschaftsgerichtlich genehmigt und daher auch nicht Bestandteil des Rechtsgeschäftes werden kann.

Diesen Ausführungen steht das Bedenken entgegen, daß die vormundschaftsgerichtliche Genehmigung nicht für das Grundgeschäft, sondern nur für die Auflassung (Verfügung über das Grundstück) erforderlich ist (§§ 1821 I, 1643, 1686 BGB.), so daß der Inhalt des Kausalgeschäftes nicht unmittelbar Gegenstand der Genehmigung ist. Übrigens dürfte aus RG. 83, 242 mit Rücksicht auf die Schlußausführungen mit aller Deutlichkeit zu entnehmen sein, daß der Fall der **gesetzlichen** Vertretung ebenfalls nicht mehr der früheren rechtlichen Beurteilung unterstehen soll. Es muß daher auch im Falle der gesetzlichen Vertretung der Mündel, wenn es sich um betrüglich vorgespiegelte Eigenschaften des Grundstücks handelt, obwohl die Vertragsurkunde sich hierüber nicht ausspricht, vertragsmäßig für das Erfüllungsinteresse haften.

Handelt es sich um eine **juristische Person** oder **offene Handelsgesellschaft** und liegt ein Fall der **Gesamtvertretung** vor, so wird dieser vertragsmäßige Schadensersatzanspruch im Gegensatz zur Anfechtung dann nicht geltend gemacht werden können, wenn sich nicht alle gesamtvertretungsberechtigte Vertreter, sondern nur einer oder einzelne der arglistigen Täuschung schuldig macht bzw. machen. Denn die juristische Person und die offene Handelsgesellschaft schließen bei Gesamtvertretung ein Rechtsgeschäft nur durch alle Vertreter gültig ab, so daß auch für die Auslösung eines **vertragsmäßigen** Schadensersatzanspruchs ein bewußt gewolltes Zusammenwirken, sei es arglistiges Verschweigen, sei es Belügen, verlangt werden muß.

Hat ein Nichtbevollmächtigter oder ein Bevollmächtigter in dem Gegner erkennbaren Mißbrauch der ihm erteilten Vollmacht eine arglistige Täuschung bezüglich Eigenschaften des Grundstücks verübt, so haftet der Verkäufer zunächst nicht vertragsmäßig. Eine derartige Haftung kann jedoch nachträglich entstehen, wenn der Verkäufer den Verkauf ausdrücklich oder stillschweigend dem Dritten oder dem Käufer gegenüber genehmigt (§ 182 BGB.; BRPfl. 1919, 280; s. auch RG. 76, 107).

Auch dann ist dieser vertragliche Schadensersatzanspruch gegen den Vertragsgegner nicht gegeben, wenn bei Vertragsabschluß ein **Dritter ohne Vertretungsmacht**, z. B. Hypothekgläubiger, Bank oder Privatkapitalist, Immobilienhändler, Agent, Unterhändler mitwirkt. Denn diese können den Vertragsgegner vertraglich nicht verpflichten und daher auch keine Grundlage für vertragliche Schadensersatzansprüche begründen. Eine andere Frage ist, ob der Vertragsgegner nach § 831 BGB. und der Dritte nach §§ 823 II, 826 BGB., § 263 StGB. haftet, was bei dem Schadensersatzanspruch auf Grund unerlaubter Handlung zu erörtern ist (siehe S. 84 ff.)[1].

Auch in dieser Richtung wird die Rechtslage häufig verkannt. Das Reichsgericht hat daher in einem Urteil (Warneyer 1915 Nr. 166) Veranlassung genommen, seinen Standpunkt besonders zu betonen, da er anscheinend mehrfach mißverstanden worden sei (siehe auch RG. 73, 434).

Den Schadensersatzanspruch nach § 463 BGB. kann der Käufer nur **statt** der Wandelung und Minderung (§§ 459, 462 BGB. geltend machen. Es ist also nicht möglich, diese Rechtsbehelfe gleichzeitig in gemeinsamem Angriff geltend zu machen. Sie können vielmehr in gleicher Weise wie mit der Anfechtung die Gewährleistungsansprüche, die einen wirksamen Kaufvertrag voraussetzen, nur bedingt, d. h. für den Fall der Unbegründetheit der Anfechtung erhoben werden können (RG. 71, 433; LZ. 1916, 1181), nur in der Weise verwendet werden, daß der eine Antrag z. B. Schadensersatzanspruch zum anderen z. B. Minderungsanspruch im Eventualverhältnis steht (RG. 87, 237).

Bei dieser eventuellen Klagenhäufung kann über den ersten Klagsantrag ein Zwischenurteil nach § 304 ZPO., das selbständig mit der Berufung anfechtbar ist, ergehen. Dies der Standpunkt des RG. im Gegensatz zu Stein, ZPO. § 394 Note 26, der nur

[1] Das RG. läßt den Dritten, wenn er sich an der arglistigen Täuschung des Verkäufers beteiligt hat, auch auf das **positive Erfüllungsinteresse** haften. RG. 103, 154.

ein Zwischenurteil nach § 303 ZPO. zulassen will (siehe hiezu JW. 1916, 132, 15).

Dagegen ist es möglich, **neben** den Gewährleistungsansprüchen den Vermögensschaden geltend zu machen, der mit den Gewährleistungsansprüchen nicht Deckung findet und überhaupt außerhalb des Rahmens der Gewährleistungsansprüche liegt. Es handelt sich bei diesen um den **allgemeinen** Schadensersatzanspruch (§§ 276, 280 I, 823 I, II, 826 BGB.; RGRKomm. Anm. 1 § 459 BGB.; Enneccerus, Bürg. Recht § 335; RG. 53, 200, 93, 160; Seuff. Arch. 67 Nr. 4).

Während bei dem Schadensersatzanspruch wegen Nichterfüllung ein unmittelbarer Zusammenhang des Schadens mit den beiderseitigen Leistungen gegeben ist, handelt es sich bei dem allgemeinen Schadensersatzanspruch um einen Vermögensschaden, der erst durch das Hinzutreten eines besonderen selbständigen Ereignisses vermittelt wird. Im ersteren Fall ist es der Mangel allein, der den Schaden herbeiführt. Im zweiten Fall erwächst der Schaden nicht allein aus dem Mangel oder durch den Mangel (RG. 95, 2).

Hat z. B. der Verkäufer einen gefährlichen Zustand des Anwesens bei Abschluß des Kaufes verschwiegen und ist infolge dieses Zustands der Käufer verunglückt, so handelt es sich bei dem auf Grund dieses Unfalls geltend gemachten Anspruch um einen allgemeinen Schadensersatzanspruch, der seine Grundlage, entweder in der Haftung auf Grund unerlaubter Handlung (§ 823 BGB.) oder im Vertrag hat. Das Reichsgericht steht nämlich in neuerer Zeit auf dem Standpunkt, daß auch über den Rahmen des § 463 BGB. hinaus, für Verschulden beim Vertragsabschluß gehaftet wird, wenn Umstände verschwiegen werden, die für die Willensrichtung des Vertragsgegners von wesentlicher Bedeutung waren (RG. 95, 58; JW. 1912, 743).

Selbstverständlich kann neben der Wandelung oder Minderung auch der **Verzögerungsschaden** wegen verspäteter Vertragserfüllung geltend gemacht werden (§ 286 I BGB.).

Das zunächst bestehende **Wahlrecht** ist nach **Vollzug** der Wandlung oder Minderung ausgeschlossen (RGRKomm. Anm. 4 § 463 BGB.). **Vollzogen** sind die Wandlung oder Minderung nicht durch die **einseitige** Erklärung des Käufers, daß er den Kauf rückgängig oder den Kaufpreis mindern wolle, sondern erst dann, wenn sich der Verkäufer damit **einverstanden** erklärt oder im Prozeß **rechtskräftig** auf Wandlung oder Kaufpreisminderung erkannt ist. Daraus folgt, daß bei ablehnender Haltung des Verkäufers während des Prozesses vom Wandlungs- oder Minderungsbegehren abgegangen und statt dessen Schadensersatz wegen Nichterfüllung verlangt werden kann. Regelmäßig wird jedoch, insbesondere dann, wenn die arglistige Täuschung erst jetzt behauptet wird, eine Klagsänderung vorliegen, deren Zulassung beim Widerspruch des Beklagten nicht immer sicher ist (§ 264 ZPO.). Hat sich dagegen der Gegner mit dem Wandlungs- oder Minderungsbegehren einverstanden erklärt, oder ist das Urteil im Wandlungs- oder Minderungsprozeß rechtskräftig, dann kann der Käufer nicht nachträglich in einem neuen Prozeß auf Grund der Gewährleistung Schadensersatz wegen Nichterfüllung verlangen. Es ist daher verfehlt zunächst auf Wandlung zu klagen. Auch der Vorbehalt von Schadensersatzansprüchen wegen Nichterfüllung für den Fall der Begründetheit der Wandlung würde, wenn er in der Klageschrift gemacht würde, nichts nützen. Gerade diese Art der Prozeßführung, bei welcher der nachträglich geltend gemachte Schadensersatzanspruch in dritten Instanzen abgewiesen worden ist, hat in dem bei Warneyer 1915 Nr. 139 abgedruckten Fall den Anwalt haftbar gemacht.

Eine Ausnahme von diesem Rechtssatz ist nur dann zu machen, wenn der Käufer erst nach Vollzug der Wandlung oder Minderung erfährt, daß er arglistig getäuscht worden ist (Warneyer 14, 332), oder wenn es sich um Schäden handelt, die entweder überhaupt **außerhalb** der Gewährleistungsansprüche liegen oder doch durch diese nicht gedeckt werden (RG. 53, 202).

Wenn also z. B. durch die Feuchtigkeit des Hauses Hauseinrichtungsgegenstände beschädigt wurden oder durch den baulichen Zustand eine Körperverletzung des Käufers verursacht würde, so könnte nach dem Wandlungsprozeß Schadensersatz nach § 823 I, 276 BGB. verlangt werden. Denn es handelt sich in diesem Fall nicht um Schadensersatz wegen des Mangels selbst, sondern um einen unmittelbaren, bei anderen Gegenständen und Personen entstandenen Schaden.

Zweifelhaft ist die Entscheidung des Falls, in dem der Verkäufer einen Fehler arglistig verschwiegen oder eine Eigenschaft betrügerisch vorgespiegelt, das Grundstück aber noch einen weiteren Mangel hat, den der Verkäufer nicht gekannt hat. Daß er wegen der beiden Mängel wandeln oder mindern kann, dürfte bei dem Wortlaut und dem Sinn des § 463 BGB. einem Zweifel nicht unterliegen.

Kann er aber in diesem Fall wegen des dem Verkäufer nicht bekannten Fehlers wandeln oder mindern und daneben noch gleichzeitig wegen des verschwiegenen Mangels oder der vorgetäuschten Eigenschaft Schadensersatz wegen Nichterfüllung (positives Erfüllungsinteresse) verlangen? Soviel ich sehe, wird diese Frage in der Literatur nicht behandelt. Die Abhandlung im Arch. f. bürg. Recht Bd. 43 S. 193 erörtert nur einen ähnlichen Fall. Die Frage hat nur praktische Bedeutung für den Fall, daß neben Minderung gleichzeitig Schadensersatz wegen Nichterfüllung verlangt werden, das Grundstück also vom Käufer behalten, aber bei der Schadensberechnung nicht der ursprüngliche, sondern der geminderte Kaufpreis zugrunde gelegt werden will. Der Wortlaut,

Sinn und Zweck des § 463 BGB. nicht im Wege stehen und die Bestimmung offensichtlich nur die Möglichkeit ausschließen will, wegen eines und desselben Fehlers die vorgesehenen Rechtsbehelfe gehäuft zur Anwendung zu bringen, muß es für zulässig erachtet werden, in dem hier in Rede stehenden besonderen Fall den Kaufpreis sowohl unter dem Gesichtspunkt der Minderung, als auch unter dem des Schadensersatzes wegen Nichterfüllung, also doppelt zu kürzen.

Den Beweis, daß arglistig getäuscht worden ist und daß das Grundstück den die Gewährleistung begründenden Fehler hat, muß der Käufer führen (RG. 66, 285).

B. Im einzelnen.

Die Rechtslage gestaltet sich im Falle des § 463 BGB. (Vorspiegeln von Eigenschaften oder betrügerisches Verschweigen von Mängeln, d. h. vom Normalzustand abweichender, nachteiliger Beschaffenheit des Grundstücks) (RG. 87, 238) mithin folgendermaßen:

1. Der Käufer kann **Wandelung** begehren (§§ 459, 463, 465, 467, 469, 470, 471, 473, 346—348, 350—354, 356 BGB.)[1]).

Die Wandelung bedeutet die **endgültige Aufhebung des schuldrechtlichen Vertrags** (regelmäßig Kaufvertrag).

Im einzelnen gilt für die Wandelung folgendes[2]):

Das Wandlungsbegehren ist nicht wie die Rücktrittserklärung unwiderruflich, sondern kann bis zur Einverständniserklärung des Verkäufers abgeändert werden, da § 349 BGB. in § 467 BGB. nicht erwähnt ist (siehe auch § 465 BGB.).

Es kann, wenn auch das Reichsgericht grundsätzlich auf dem Standpunkt steht, daß die **Wandelung erst** nach dem **Übergang der Gefahr**[3]) geltend gemacht werden kann, ausnahmsweise schon früher geltend gemacht werden, nämlich dann, wenn es sich um nicht behebbare Mängel handelt. Handelt es sich z. B. um vollständig verfehlte bauliche Anlagen, so wäre es nicht verständlich, wenn man dem Käufer zumuten wollte, zuerst das Anwesen als vertragswidrige Leistung anzunehmen und erst dann Gewähr-

---

[1]) Bezüglich der rechtlichen Natur der Wandelung vgl. Arch. f. bürg. Recht Bd. 43, 207 ff. und SeuffArch. Bd. 68 Nr. 35, LZ. 1920, 206.

[2]) Zur Frage, ob alternativ auf Wandelung oder Minderung geklagt werden kann, ist zu bemerken: Nach der einen Ansicht stehen Wandlungsbegehren und Minderungsverlangen in einem unvereinbaren Gegensatz; ebenso wie Anfechtung und Gewährleistung. Nach der anderen Ansicht ist dies zwar nicht der Fall, da die Wandelung nicht durch die Klagerhebung, sondern erst durch das Urteil vollzogen ist. Trotzdem ist die alternative Klagserhebung im Gegensatz zur eventuellen Klagserhebung aus prozessualen Gründen nicht möglich, denn die Wandelungsklage kann nach ihrer Erhebung nicht mehr zurückgenommen werden. Vgl. hiezu JW. 1920, 1015; Zeitschr. f. ZP. Bd. 29, 26; Oertmann, Schuldrecht § 465 Anm. 2a; Staub, HGB. § 377 Anm. 111.

[3]) Zeitpunkt der Übergabe des Grundstücks eventuell des vorher erfolgten Grundbucheintrags RG. 53, 73 § 446 II BGB.

leistungsansprüche zu erheben. Der Käufer ist daher nicht auf die Einrede des nicht erfüllten Vertrags beschränkt, sondern ist befugt, die Erfüllung vor der Übergabe abzulehnen und vom Vertrag abzugehen (Seuff. Arch. 67 Nr. 98).

Die Tatsache, daß der Käufer, der Wandlung begehrt, schon bauliche Änderungen, z. B. das Haus in ein Geschäftshaus umgewandelt hat, schließt grundsätzlich die Wandlung nicht aus. Denn in Umbauten ist nicht ohne weiteres eine wesentliche Verschlechterung, eine Verarbeitung, Umbildung oder ein Verzicht auf Wandlung, der nur im Wege eines Vertrags erklärt werden kann, zu erblicken (§§ 351, 352, 130, 145 BGB.; RG. 72, 171; Warneyer 16 Nr. 131).

Auch dadurch ist die Wandlung nicht ausgeschlossen, daß vor Vollzug der Wandlung das Grundstück durch Zufall zerstört worden ist, z. B. bei einem Fliegerangriff durch Bombenwurf oder wenn auch verschuldet durch den Käufer, Mieter, Pächter, Hausmeister, Hausverwalter unwesentlich beschädigt worden ist. Man denke an Beschädigung der Tapeten, Fußböden, Türen usw.

Die Wandelung kann auch nicht dadurch vereitelt werden, daß der Verkäufer sich bereit erklärt und imstande ist, den Mangel zu **beseitigen**. Der Käufer braucht sich daher nicht gefallen zu lassen, daß der Verkäufer das mit Wanzen verseuchte Haus desinfizieren lassen und dadurch dem Wandelungsverlangen begegnen will. Eine Ausnahme ist nach den Anschauungen des treugläubigen Verkehrs dann zu machen, wenn es sich um Fehler handelt, die unschwer und ohne Nachteil für den Käufer beseitigt werden können. In einem solchen Fall hat der Käufer dem Verkäufer die Instandsetzung zu gestatten. Die Weigerung wäre Schikane und daher nach § 226 BGB. unzulässig. (Enneccerus, Bürg. Recht, § 335 Abs. I S. 1 u. Anm. 3; Oertmann, § 462 Ziff. 5b; RG. 87, 335.) Im Immobilienverkehr wird aber dieser Fall wohl selten vorkommen.

Umgekehrt hat auch der Käufer nicht das Recht von dem Verkäufer unter dem Gesichtspunkt der Wandelung die Beseitigung des Mangels oder die Abänderung zu verlangen. Er kann dies unter Umständen nur unter dem Gesichtspunkt des Schadensersatzes beanspruchen (siehe S. 78 ff.).

Der Wandelungsanspruch ist aber ausgeschlossen, wenn der Käufer in Kenntnis des Mangels auf die Geltendmachung des Wandelungsanspruchs dem Verkäufer gegenüber **verzichtet**. Es liegt dann ein Erlaßvertrag nach § 397 BGB. vor, der nicht gerichtlich oder notariell beurkundet zu werden braucht. Ein solcher Verzicht kommt im Verkehr regelmäßig in Verbindung mit der Vereinbarung zustande, daß der Verkäufer sich verpflichtet, die Mängel, z. B. den Hausschwamm, auf seine Kosten zu beseitigen. Ein solcher Verzicht hat aber nach der Auffassung des treugläubigen Verkehrs nur die Bedeutung, er bedingt ist durch die wirksame Beseitigung.

Wenn also trotz der vorgenommenen Arbeiten der Hausschwamm nicht beseitigt worden ist und wenn er überhaupt nicht beseitigt werden kann, dann kann sich der Verkäufer nicht mit Erfolg auf den Verzicht berufen. Umgekehrt braucht aber auch der Käufer den Verzicht nicht wegen Irrtums anzufechten. —

Versagt ist die Wandelung dem Käufer, wenn er das Grundstück weiterverkauft hat und es nicht mehr zurückerwerben kann. Jede verschuldete wesentliche Verschlechterung des Grundstücks **vor** dem Wandelungs**vollzug** steht dem Wandelungsbegehren im Weg. Im Streitfall hat der Käufer zu beweisen, daß er an dieser Verschlechterung unschuldig ist (JW. 1908, 478). Unschuldig ist er dann, wenn er die im Verkehr erforderliche Sorgfalt (§ 276 BGB.) beachtet hat. Im Falle des Abbrennens ist die nicht erfolgte Versicherung durch den Käufer ihm nicht als Verschulden anzurechnen (JW. 1911, 321). Unter Zugrundelegung dieser rechtlichen Gesichtspunkte ist auch die Frage zu entscheiden, ob die **Zwangsversteigerung** dem Wandelungsverlangen entgegensteht oder nicht. Sie ist zu bejahen, wenn sie der Käufer verschuldet hat (Warneyer 1913, 190).

Ist die Verschlechterung durch einen **Dritten** herbeigeführt worden, z. B. durch nachlässiges Verhalten des Hausmeisters ein Brand herbeigeführt worden, so muß der Käufer, weil es sich um vertragliche Rechtsbeziehungen zwischen ihm und dem Verkäufer handelt, dieses Verschulden bedingungslos, also ohne den Entlastungsbeweis (§ 831 BGB.) führen zu können, vertreten (§ 278 BGB.). Er kann bei einer wesentlichen Verschlechterung in diesem Fall nicht wandeln. Ebenso wird zu entscheiden sein, wenn die wesentliche Verschlechterung durch einen Mieter herbeigeführt worden ist (§§ 351 S. 2, 467 BGB.).

Möglich ist es auch, daß die Verschlechterung nicht durch den Käufer allein, sondern durch den Verkäufer mitverschuldet worden ist. Der Käufer hat z. B. seiner Kontrollpflicht nicht genügt, der Verkäufer aber auch unterlassen, ihn darauf aufmerksam zu machen, daß ein Gebäudeteil (Kamin) besonders schadhaft ist. Dadurch ist Feuer ausgebrochen. In diesem Fall ist die hier zur Entscheidung stehende Frage unter Anwendung des § 254 BGB. zu beantworten. Diese Gesetzesbestimmung enthält einen allgemeinen Rechtsgrundsatz, der auf die Wandelung entsprechend anzuwenden ist (RG. 71, 187).

Ausgeschlossen ist die Wandelung auch dann, wenn der Käufer das Grundstück in Kenntnis des Mangels vorbehaltlos angenommen hat (§ 464 BGB.)[1]), oder wenn die Kaufpreisminderung durch Einigung oder richterliches Urteil vollzogen ist.

Für die vorbehaltlose Annahme ist der Zeitpunkt der tatsächlichen

[1]) Beim Einbringen eines Grundstücks in eine Gesellschaft schließt die Kenntnis eines Gesellschafters die Gewährleistungsansprüche der übrigen Gesellschafter nicht aus. S. Fischer, Privat- u. ZPR. Bd. 7 § 18.

Übernahme des Grundstücks maßgebend, der unter Umständen schon vor der Auflassung liegen kann. Es genügt aber auch ein Vorbehalt, der schon früher, z. B. bei den Vorverhandlungen zum Kaufvertrag gemacht worden ist, vorausgesetzt, daß er noch zur Zeit der Übernahme erkennbar aufrecht erhalten wird (LZ. 1919, 691).

Auch nach **erklärter**, jedoch noch nicht **vollzogener** Wandelung **kann** der Wandelungsanspruch ausgeschlossen sein, bzw. verwirkt werden. Es kann in einem nachträglichen, dem Wandelungsbegehren widersprechenden Verhalten, z. B. mit Entwertung oder Verschlechterung verbundener Verwahrlosung, fortgesetztem Mißbrauch des Grundstücks ein **Verzicht**[1]) auf die **erklärte** Wandelung erblickt werden (Warneyer 1913, 408). Abgesehen von dem Gesichtspunkt des Verzichts kann in diesem Fall die Wandelung auch nach §§ 467, 351 BGB. ausgeschlossen sein. Denn die entsprechende Anwendung des § 351 BGB. verlangt nicht die schuldhafte Verschlechterung vor der Wandelungs**erklärung**, sondern v o r dem Wandelungs**vollzug** (§ 465 BGB.), da sich die Wandelung nicht wie der Rücktritt (§ 349 BGB.) durch einseitige Willenserklärung vollzieht (Warneyer 1915, 204).

Dagegen hebt die verschuldete Verschlechterung des Grundstücks **nach** dem Wandelungs**vollzug** den Wandelungsanspruch nicht auf. Der mit Einverständnis des Verkäufers gewandelte Kaufvertrag bleibt daher rückgängig gemacht. Der Käufer muß aber nach §§ 347, 467, 276 BGB. Schadensersatz leisten. Auch in diesem Fall kann aber unter Umständen ein ausdrücklicher oder stillschweigender Verzicht auf die Ansprüche aus der **vollzogenen** Wandelung in Frage kommen.

Hat sich der Verkäufer mit dem Verlangen des Käufers auf Wandelung einverstanden erklärt, liegt also ein außergerichtlicher Wandelungsvollzug vor und weigert sich nunmehr der Käufer das Grundstück zurückzugeben und an den Verkäufer wieder aufzulassen, es sind z. B. in der Zwischenzeit die Grundstückspreise gestiegen, so kann der Verkäufer nicht nach § 326 BGB. eine Frist setzen und nach Ablauf dieser Frist Schadensersatz wegen Nichterfüllung verlangen. Denn das auf Grund der vollzogenen Wandelung geschaffene Rechtsverhältnis ist nicht ein gegenseitiger Vertrag, sondern die Aufhebung des Vertrags. Es kann daher der Verkäufer den mit der Rückgabe im Verzug befindlichen Käufer eine Frist nur mit der Wirkung setzen, daß im Falle des fruchtlosen Ablaufs der Frist der Ausschluß des Wandelungsrechtes des Käufers eintritt (§§ 354, 467 BGB.; RG. 93, 47).

Läßt sich der Verkäufer nicht freiwillig auf die Wandelung ein, dann muß die Wandelungsklage wegen arglistiger Täuschung erhoben werden, die nicht der kurzen Verjährungsfrist unterliegt, sondern erst in 30 Jahren verjährt (§§ 477, 195 BGB.; RG. 66, 86).

[1]) Richtiger „V e r w i r k u n g" der aus der Wandlungserklärung erworbenen Rechte; s. H ö n i g e r in DJZ. 1922, 143.

Für die **Zuständigkeit** gilt folgendes:

Hat der Käufer den **Kaufpreis noch nicht bezahlt**, so ist die Klage auf Befreiung bei dem Gericht des Wohnortes des Verkäufers zur Zeit des Kaufvertrags zu erheben (Gruchot 47, Nr. 1150). Hieran wird auch dadurch nichts geändert, daß der Käufer noch Rückerstattung der Vertragskosten verlangt. Denn die letzteren sind in diesem Fall nur als Nebenansprüche zu erachten.

Wird dagegen auf **Rückzahlung des Kaufpreises** geklagt, dann ist, abgesehen vom allgemeinen Gerichtsstand (§ 12 ZPO.) das Gericht zuständig, in dessen Bezirk das Grundstück liegt. Denn der Verkäufer braucht nur Zug um Zug gegen Rückgabe des Grundstücks zu leisten, also nur da zurückzuzahlen, wo das Grundstück liegt (RGRKomm. Anm. 5 § 269, Anm. zu § 467 BGB.; RG. 70, 198; Stein, ZPO. § 29 Anm. III 1, 2; LZ. 1919, 1281; § 269 BGB.)[1]). Da für die Minderungsklage der Gerichtsstand am Wohnsitz des Verkäufers zur Zeit des Vertragsschlusses gegeben ist, ist es also, wenn das Grundstück an einem anderen Orte liegt und in diesem besonderen Gerichtsstand geklagt ist, nicht möglich, ohne der Einrede der Unzuständigkeit zu begegnen, von der Wandlungsklage zur Minderungsklage überzugehen.

Bei der Berechnung des **Streitwerts** ist auseinanderzuhalten, ob der Käufer, weil z. B. beiderseits noch nicht erfüllt ist, den Klagsantrag darauf beschränkt, daß auf Grund des Wandelungsbegehrens die Rückgängigmachung des Kaufvertrags ausgesprochen (festgestellt) werden soll oder ob der Kaufvertrag schon teilweise oder ganz erfüllt ist und deshalb der Käufer die ihm auf Grund der Wandelung zustehenden Ansprüche z. B. auf Rückbezahlung des Kaufpreises, Befreiung von übernommenen Hypotheken neben dem Wandelungsanspruch oder allein geltend macht.

Im ersten Fall, der in der Praxis der seltenere sein wird, ist der Streitwert nicht nach § 9 GKG., § 6 ZPO. zu berechnen. Denn es sind nicht diejenigen Rechte und Ansprüche Gegenstand des Prozesses, die auf Grund der Wandelung verlangt werden können. Es handelt sich vielmehr nur um die Frage der Rückgängigmachung des Kaufvertrags. Der Streitwert ist daher nicht einseitig nach dem Betrag des Kaufpreises oder dem Wert des Grundstücks zu bemessen, sondern nach dem Interesse, das der Käufer an der Rückgängigmachung des ganzen Vertrags hat. Der Streitwert ist in diesem Fall der Betrag, um den Käufer bei Aufrechterhaltung des Vertrags wegen des Minderwertes, der Reparaturkosten, Vertragskosten, z. B. Notariatskosten und Stempel, geschädigt wäre.

Klagt der Käufer auf Einwilligung in die Wandelung und gleichzeitig auf Zurückzahlung der von ihm gemachten Leistungen

[1]) Die Einwendungen, die Oertmann in Ehrenberg, Hdb. des Handelsrechts IV, 2. Abt. S. 479 erhebt, scheinen mir zutreffend zu sein, weil Gleichzeitigkeit der Leistungen nicht gleichbedeutend ist mit Gleichörtlichkeit.

(Geldzahlung, Hingabe von Hypotheken an Zahlungs Statt) oder Befreiung von in Anrechnung auf den Kaufpreis übernommenen Hypotheken, so setzt sich der Streitwert zusammen aus dem Betrag der ziffermäßig verlangten Leistungen, wobei jedoch Vertragskosten und Stempel als Nebensache im Sinn des § 4 ZPO. zu erachten sind, und dem nach freiem Ermessen festzusetzenden Interesse des Käufers an der Befreiung von den übernommenen Hypotheken und der Rückgängigmachung des Kaufvertrags. Es sind hiebei die oben erörterten Grundsätze anzuwenden. Wären die Hypotheken, die übernommen worden sind, durch den Wert des Anwesens gedeckt, so daß die persönliche Haftung nicht in Frage kommen würde, so ist der Betrag der übernommenen Hypotheken nicht in Ansatz zu bringen. Daß sich der Käufer erbietet, gegen Befriedigung seiner Ansprüche das Grundstück zurückverbriefen zu lassen, ist für die Höhe des Streitwertes bedeutungslos. Angenommen, das Anwesen ist für 100000 Mk. gekauft. 20000 Mk. sind anbezahlt. 30000 Mk. Hypotheken sind in Anrechnung auf den Kaufpreis übernommen. 4000 Mk. betragen die Kosten und Stempel. Der Streitwert beträgt in diesem Fall: 20000 Mk. Anzahlung zuzüglich des nach freiem Ermessen zu berechnenden Interesses des Käufers an der Rückgängigmachung des Kaufvertrags im übrigen.

Wenn der Käufer **ganz** erfüllt hat und Zurückzahlung seiner Leistungen verlangt, so setzt sich der Streitwert zusammen aus der Summe dieser Leistungen, wobei zu prüfen ist, ob im Falle der Übernahme der persönlichen Haftung für Hypotheken diese Haftung wegen des Wertes des Grundstücks in Frage kommt oder nicht (Rechtspr. OLG. 11, 166; 17, 75; 19, 48; RG. 52, 429; 54, 142; 66, 330; JW. 1904, 64; Rittmann, Wert des Streitgegenstandes, § 76).

Bei der Wandelung im Wege der Einrede oder Widerklage gegenüber der Kaufpreis- oder Kaufpreisrestklage berechnet sich der Streitwert nach dem Kaufpreis bzw. Kaufpreisrest zuzüglich eventueller Anzahlungen auf den Kaufpreis und dem Interesse des Käufers an der Befreiung von übernommenen Hypotheken.

Es ist nicht nötig, daß der Käufer den Verkäufer auf **formgerechte Einwilligung** in die Wandlung verklagt. Er kann **unmittelbar** Rückgängigmachung des Kaufvertrags durch das Urteil und die Leistungen, die auf Grund dieses Rücktritts zu machen sind, verlangen (RG. 58, 423; 66, 75; 69, 385; 70, 198; Seuff. Arch. 68 Nr. 35). Er kann die Wandlung auch im Wege der **Einrede** und **Widerklage** begehren.

Der **Käufer** kann verlangen die Zurückbezahlung des bezahlten Kaufpreises nebst 4% Zinsen seit der Bezahlung oder Erlaß der Kaufpreisschuld, wenn noch nicht bezahlt ist, Rückerstattung der an Zahlungs Statt gegebenen Werte, insbesondere Rückübertragung der in Zahlung gegebenen Hypotheken und

Grundschulden in vollzugsfähiger Form (§ 29 GBO.), Verzicht auf eine bestellte Kaufpreishypothek (§ 1169 BGB.), eventuell Zurückgabe des Hypothekenbriefes, Ersatz der Vertragskosten, insbesondere der Mäklergebühren[1]), der Notariats- und Gerichtskosten, Steuern, Sachverständigen- und Reisekosten. Sind Wertpapiere in Zahlung gegeben, so ist, wenn der Verkäufer die Wertpapiere nicht mehr hat, nicht der Nennwert, sondern der Kurswert zur Zeit des Vollzugs der Wandelung bzw. der Erlassung des Wandelungsurteils zu ersetzen (JW. 1905, 137). Hat der Käufer in Anrechnung auf den Kaufpreis Hypothekschulden übernommen und ist er auf Grund des § 416 BGB. oder § 415 BGB. Schuldner des Hypothekgläubigers geworden, so wird die Schuldhaftung gegenüber dem Hypothekgläubiger durch die Wandlung nicht ohne weiteres aufgehoben. Es entsteht nur ein Anspruch des Käufers auf Befreiung (§ 417 II BGB.). Endlich hat der Käufer Anspruch auf Erstattung der notwendigen Verwendungen, z. B. der Hausverwaltungskosten, Grund- und Haussteuern, Versicherungsgelder, Hypothek- und Grundschuldzinsen, dringende Reparaturkosten in dem Rahmen, in dem sie der Verkäufer aufgewendet hätte. Auch Annuitäten die von ihm bezahlt sind gehören hierher. Desgleichen sind die gewöhnlichen Unterhaltungskosten, insbesondere die Fruchtbestellungskosten, die einer ordnungsmäßigen Wirtschaft entsprechen und den Wert der hängenden Früchte nicht übersteigen, dem Käufer zu ersetzen. Denn er darf die gezogenen Nutzungen nicht behalten. Die Erstattung anderer als notwendiger Verwendungen, z. B. Luxusausgaben und nützliche Verwendungen, kann nicht verlangt werden. Die aufgewendeten Beträge sind mit 4% zu verzinsen. Ist der Käufer für die Aufwendungen Schulden eingegangen, so kann er verlangen, daß ihn der Verkäufer von diesen befreit (§§ 467, 346, 347, 987, 994 Abs. I u. II, 995, 996, 683, 998, 256, 102 BGB.). Kann der Käufer das Grundstück nicht mehr in dem früheren Zustand zurückgeben, weil er es umgestaltet hat, so kann er auch die Umgestaltungskosten ersetzt verlangen. Hat er durch Aufwendungen unwesentliche oder wesentliche Bestandteile des Grundstücks geschaffen, so hat er das Abtrennungsrecht, wie dies für das Abtrennungsrecht nach erfolgter Anfechtung (siehe S. 35) erörtert worden ist.

Der **Verkäufer** kann verlangen, daß ihm der Käufer das Grundstück, und zwar frei von etwa inzwischen begründeten Rechten, z. B. Hypotheken, Grunddienstbarkeiten und in der Form des § 925 BGB. zurücküberträgt. Hat der Käufer inzwischen das

---

[1]) Im Falle der erfolgreichen Wandelung verliert nämlich der Mäkler im Gegensatz zur Anfechtung — siehe oben S. 54 — nicht den Anspruch auf Entlohnung seiner Vermittlertätigkeit, wie auch im Falle des Rücktritts der Mäkler seinen Provisionsanspruch behält. Oertmann, BGB. Anm. zu § 652. Staudinger, BGB. § 652 III 2g, LZ. 1919, 1030.

Grundstück vermietet oder verpachtet, so gilt das gleiche wie oben bei der Anfechtung S. 43. Der Verkäufer muß also in die Miet- und Pachtverträge eintreten. —

Mit dem Grundstück kann er verlangen die Zurückgabe der noch vorhandenen Früchte und Wertvergütung für die seit der Übergabe des Grundstücks gezogenen, aber inzwischen verbrauchten Früchte und die erlangten Gebrauchsvorteile, z. B. das Bewohnen des Anwesens, Ersatz der entgegen den Regeln einer ordnungsmäßigen Wirtschaft von dem Käufer schuldhaft nicht gezogenen Früchte. Die Zurückgabe des Grundstücks und der noch vorhandenen Früchte kann der Käufer auf Grund des Zurückbehaltungsrechtes verweigern, bis er wegen der ihm zu ersetzenden Verwendungen befriedigt wird (§§ 467, 346, 347, 987, 1000 BGB.). Unter Umständen kann der Verkäufer auch einen Schadensersatzanspruch geltend machen, wenn nämlich das Grundstück nach vollzogener Wandlung, d. i. Einverständniserklärung des Verkäufers mit der Wandlung (§ 465 BGB.) durch Verschulden des Käufers selbst oder Verschulden Dritter, das er zu vertreten hat (§ 278 BGB.), z. B. Mietsparteien, Hausmeister oder Hausverwalter, Pächter, sei es wesentlich oder unwesentlich, und vor vollzogener Wandlung unerheblich beschädigt worden ist (§§ 467, 351, 347 HGB.). Hat der Verkäufer, wie es im Verkehr nicht selten vorkommt, im Gegensatz zu § 449 BGB. einen Teil der Notariatskosten, der Steuern und der Gerichtskosten übernommen, so wird es nicht möglich sein, daß er diese Kosten vom Käufer ersetzt verlangt. Der Käufer kann ihm entgegenhalten, daß nach dem Gesetz § 467 S. 2 BGB. im Falle der Wandlung der Verkäufer die Vertragskosten zu bezahlen hat. —

Der **Klagsantrag** geht zweckmäßigerweise auf Rückzahlung des Kaufpreises nebst Zinsen bzw. Rückerstattung der in Zahlung gegebenen Werte, eventuell Erlaß der Kaufpreisschuld, und Ersatz etwaiger sonstiger Ansprüche Zug um Zug gegen Rückauflassung des Grundstücks, Rückgabe der Früchte und Ersatz für die nicht mehr vorhandenen Früchte und gezogenen Nutzungen (§§ 467, 348 BGB.). Doch kann der Käufer auch schlechthin auf Rückgabe des Kaufpreises usw. klagen und die Einwendung des Verkäufers abwarten, daß er nur Zug um Zug gegen Rückgabe des Grundstücks usw. zur Leistung verpflichtet ist (§§ 320, 322 BGB.). —

Die **Vollstreckungsklausel** kann ohne weiteres beantragt werden (§ 726 ZPO.). Dagegen ist für das Vollstreckungsorgan (§ 756 ZPO.) maßgebend, wonach vor der Vollstreckung die Rückauflassung angeboten oder der Nachweis erbracht werden muß, daß die Rückauflassung erfolgt oder doch dem Verkäufer angeboten worden ist.

Die **Beweislast** trifft den Käufer. Mit dem Rechte, den Kauf rückgängig zu machen, ist dem Käufer ein besonderes Recht verliehen, das seine Grundlage in der Fehlerhaftigkeit der Kaufsache hat. Den Rechtsgrund muß derjenige beweisen, der das Recht für sich in Anspruch nimmt, also der **Käufer** (RG. 95, 119).

Während des Prozesses kann der Verkäufer seinen eventuellen Rückauflassungsanspruch durch eine **Vormerkung** nach § 883 BGB. sichern.

Der Übergang von der Wandlungsklage zur Minderungsklage und von einer dieser beiden Klagen zur Schadensersatzklage und umgekehrt, bildet eine Klagsänderung, wobei darauf hinzuweisen ist, daß im Verhältnis von Wandlungs- und Minderungsklage im Hinblick darauf, daß die Verteidigung regelmäßig beim Wechsel nicht erschwert wird, die Klagsänderung vom Gericht zuzulassen sein wird (§§ 263, 264 ZPO.). Dagegen ist der Übergang zur Schadensersatzklage nach **vollzogener** Wandlung nicht mehr möglich (LZ. 1908, 538)[1]). Umgekehrt kann von der Schadensersatzklage zur Wandlung übergegangen werden.

Das Wandelungsrecht ist **unteilbar** (§§ 356, 467, 469, 470 BGB.). Dies bedeutet, daß der **gesamte Kaufvertrag** nur **einheitlich stehen** und **fallen** soll. Dies gilt nicht nur dann, wenn sich der Kaufvertrag **objektiv** aus mehreren Teilen zusammensetzt, sondern auch dann, wenn er **subjektiv**, d. h. im Hinblick auf die dabei beteiligten Personen aus mehreren Teilen besteht (RG. 62, 185; 59, 175; 79, 436). Voraussetzung ist jedoch hiebei, daß die mehreren Teile nach dem ausdrücklich oder stillschweigend erklärten Willen sich objektiv und subjektiv als ein Ganzes darstellen, was insbesondere dann anzunehmen ist, wenn die Kaufsteile in einem wirtschaftlichen Zusammenhang oder in einer wirtschaftlichen Abhängigkeit stehen. Eine weitere Einschränkung erleidet dieser Rechtssatz insofern, als nur der Mangel einer Hauptsache den ganzen Kaufvertrag der Wandelung unterwirft, nicht aber umgekehrt der Mangel einer Nebensache, die zwar nicht Zubehör (§ 97 BGB.) zu sein braucht, im Immobilienverkehr aber häufig als solche in Frage kommen wird, zur Wandelung bezüglich des Grundstücks oder Anwesens benützt werden kann.

Es kann daher bei einem Gutskauf nicht bezüglich der Grundstücke oder einzelner dieser allein gewandelt und das vielleicht inzwischen im Wert bedeutend gestiegene Vieh und Inventar behalten werden. Umgekehrt können arglistig verschwiegene Mängel des Viehs oder Inventars nicht dazu benützt werden, um den Kaufvertrag auch bezüglich der Grundstücke im Weg der Wandelung rückgängig zu machen (vgl. RG. 66, 39).

Bei einem Kauf eines Anwesens mit Wirtschaft von einer Brauerei unter gleichzeitiger Gewährung eines Hypothekdarlehns auf das Haus durch die Brauerei führt dieser Rechtsgrundsatz dazu, daß nicht bezüglich des Anwesens allein gewandelt, das Hypothekdarlehen dagegen behalten werden kann (RG. 67, 104;

---

[1]) Siehe hiezu S. 60.

Warneyer 1918 Nr. 186). Es kann ferner, wenn auf der einen oder auf beiden Seiten mehrere als Verkäufer oder Käufer beteiligt sind, z. B. Gesellschafter, Miterben, die Wandlung nur von allen und gegen alle durchgesetzt werden. Die Klage des einzelnen Käufers oder gegen den einzelnen Verkäufer ist daher Mangels der Aktiv- bzw. der Passivlegitimation als unbegründet abzuweisen. Es liegt notwendige Streitgenossenschaft im Sinne der zweiten Alternative des § 62 ZPO. vor, mit der Folge, daß die in der ZPO. hiefür aufgestellten Grundsätze über Prozeßgemeinschaft anzuwenden sind (RG. 65, 405).

Die Unteilbarkeit des Vertrags kann eine qualifizierte sein, in der Weise, daß der äußeren Form nach mehrere Rechtsgeschäfte verschiedener Beschaffenheit vorliegen und mehrere Personen nur bei dem einzelnen, nicht bei dem Gesamtgeschäft beteiligt sind. Das ist z. B. anzunehmen, wenn ein als Tauschvertrag gewolltes Geschäft äußerlich in die Form zweier Kaufverträge gekleidet und dabei der Ehemann als Verkäufer des einen Grundstücks und die Ehefrau als Käuferin des anderen Grundstücks auftritt.

Die Wandelung kann in diesem Fall nur von den Ehegatten gemeinschaftlich verlangt werden (LZ. 1919, 200).

Wenn der Käufer ein **rechtskräftiges Wandelungsurteil** erwirkt hat, dann kann er unter Umgehung der Zwangsvollstreckung dem Verkäufer eine angemessene Frist mit der Erklärung bestimmen, daß er die Annahme der Leistungen des Verkäufers nach Ablauf der Frist ablehne. Nach vergeblichem Ablauf der Frist wird unterstellt, daß die Leistungen des Verkäufers aus einem von ihm zu vertretenden Umstand unmöglich geworden ist. Der Käufer hat dann einen Schadensersatzanspruch wegen Nichterfüllung, der an die Stelle der auf Grund der Wandelung zu bewirkenden Leistungen und Gegenleistungen tritt. Die durch das Urteil ausgesprochene Wandelung kommt nicht mehr in Betracht. Es braucht also der Käufer auch das gekaufte Anwesen nicht mehr zurückzugeben. Es findet vielmehr eine gegenseitige Abrechnung statt, wobei die beiderseitigen in der Wandelung begründeten Leistungen bei der Schadensberechnung als Rechnungsfaktoren zu berücksichtigen sind. Diese Rechtslage ist deshalb gegeben, weil durch das Wandelungsurteil ein dem gegenseitigen Vertrag ähnliches Rechtsverhältnis geschaffen wird (§§ 283, 325 II, 348, 467, 320, 322 BGB.; RG. 66, 61; 93, 47; 96, 20). Diese Schadensberechnung kann dazu führen, daß der Verkäufer an den Käufer unter Umständen einen Teil des Kaufpreises zurückbezahlen, oder wenn eine Kaufpreisresthypothek bestellt ist, auf diese Hypothek bzw. einen Teil derselben verzichten (§ 1169 BGB.) oder wenn die Hypothek an einen gutgläubigen Dritten abgetreten ist (§§ 892, 1137, 1138 BGB.), die Zessionsvaluta ganz oder teilweise an den

Käufer auszahlen oder abtreten muß. Es wird also ein ähnlicher Erfolg herbeigeführt wie bei der Kaufpreisminderung. —

Die Sachlage kann in diesem Fall aber auch die sein, daß der Käufer nach Ablauf der Frist das Grundstück an den Verkäufer zurückgeben und auf dieser Grundlage seinen Schadensersatzanspruch berechnen will. Wenn der letztere das Grundstück freiwillig zurücknimmt, macht der Fall keine weiteren Schwierigkeiten. Rechtliche Schwierigkeiten ergeben sich nur dann, wenn der wandelungsverpflichtete Verkäufer sich weigert, das Grundstück zurückzunehmen und verlangt, daß der Käufer den Wert des Grundstücks, selbstverständlich nur im mangelfreien Zustand, auf den Schadensersatzanspruch anrechnet, der Käufer aber das Grundstück wieder los werden will. Das Reichsgericht hat diese Frage zugunsten des wandelungsberechtigten Käufers bejaht. Es ist der Anschauung, daß hier ausnahmsweise die Austauschtheorie Platz greift, weil es sich im Gegensatz zum ursprünglichen Vertrag nicht um beiderseitig **zu machende** Leistungen, sondern um Rückgabe **bereits gemachter** Leistungen handle und weil man durch Ausschluß des Rückgaberechtes der vertragstreuen Partei diese zugunsten der vertragsuntreuen in der Geltendmachung ihres Schadensersatzanspruches beschränken würde (RG. 96, 20). —

Die gleichen Grundsätze gelten auch für das hinsichtlich eines **Tauschvertrags** ergangenen Wandelungsurteil.

Bezüglich der Rechtsstellung des **Bürgen**, der sich für den Kaufpreis verbürgt hat, ist zu unterscheiden, ob der Käufer das Wandlungsbegehren bereits mit Erfolg geltend gemacht hat, die **Wandelung also vollzogen** ist, oder ob sie nur **einseitig** bzw. **überhaupt nicht erklärt ist.**

Im ersteren Fall kann sich der Bürge auf die vollzogene Wandelung berufen (§ 768 BGB.) mit der Folge, daß er den Kaufpreis nicht bezahlen muß und ihn insoweit er bezahlt ist zurückfordern kann. —

Im letzteren Fall wird in der Rechtslehre dem Bürgen jede Berufung auf das Wandelungsrecht des Käufers meistens verweigert. Die Frage ist zweifelhaft. Sicher scheint mir zu sein, daß § 768 BGB. zur Beantwortung der Frage nicht herangezogen werden kann, da die Wandelung ein Willensakt des Hauptschuldners ist und solche Willenserklärungen vom Bürgen nicht vorgenommen werden können und sollen. Das Wandelungsrecht kann daher der Bürge nicht kraft **eigenen Rechts** ausüben, ebensowenig wie das Anfechtungsrecht. Das schließt aber nicht aus, daß auch hier wegen Gleichheit des Grundes § 770 I BGB. entsprechend angewandt wird. Ein Standpunkt, der auch RG. 66, 333 vertreten wird. Der Bürge hat mithin das Leistungsverweigerungsrecht, insolange der Hauptschuldner das Wandelungsrecht nicht endgültig verloren hat, wobei zu bemerken ist, daß die rechtskräftige Aberkennung des Wandelungsbegehrens des Käufers dem Bürgen dieses Leistungsverweigerungsrecht nimmt. Denn der prozeßrechtliche Grundsatz, daß das zwischen Gläubiger und Hauptschuldner ergangene rechtskräftige Urteil keine Rechtskraft für und gegen den Bürgen erzeugt, kann hier, wo der Bürge materiellrechtlich die Rechtsstellung des Hauptschuldners zur Leistungsverweigerung benützen kann, diese Rechtsstellung dem Gläubiger gegenüber aber rechtskräftig feststeht, logischerweise nicht zur Anwendung kommen.

2. Will der Käufer das Grundstück behalten, weil er z. B. mit einem Steigen der Grundstückspreise rechnet oder weil er es zu geschäftlichen Erweiterungsbauten benötigt oder weil er wegen Verzichts oder wesentlicher Verschlechterung des Grundstücks die Wandlungsklage nicht mehr erheben kann, so kann er unter der Voraussetzung, daß er den Vertrag noch nicht angefochten hat, den **Kaufpreisminderungsanspruch** (§§ 472, 473, 474, 475 BGB.) erheben, der sofort mit Abschluß des Vertrags und nicht erst mit dem Zeitpunkt des Gefahrübergangs oder Bezahlung des Kaufpreises entsteht.

Das BGB. hat hier die **relative Methode** aufgestellt, die nicht gleichbedeutend mit Schadensersatz ist. Bei der Anwendung des § 472 BGB. kommt es in erster Linie darauf an, festzustellen, inwieweit durch den Mangel oder durch das Nichtvorliegen der vorgetäuschten Eigenschaft in dem früher festgestellten Sinn der **allgemeine Verkaufswert** der Sache gemindert ist. Maßgebend für die Entscheidung dieser Frage ist der **Zeitpunkt des Kaufvertrags** (Warneyer 12, 69, 414). Bei der Wertsermittlung ist der **objektive Verkehrswert** zugrunde zu legen. Dieser ist nicht gleichbedeutend mit dem **Durchschnitt des Areal-** oder **Bauwerts** **einerseits** und dem **Ertragswert** andererseits. Es sind auch andere Faktoren als wertserhöhend oder wertsmindernd bei der Schätzung zu berücksichtigen, z. B. Entwicklung und Entwicklungsfähigkeit des umliegenden Geländes und baulicher Zustand. Auch Vergleichskäufe sind heranzuziehen (Seuff. Arch. 66, Nr. 73)[1]).

Eine nach dem Kaufabschluß eingetretene Wertsteigerung oder Wertminderung kommt nicht in Betracht. —

Der Minderungsanspruch ist mithin auch dann begründet, wenn der Käufer das Anwesen weiterveräußert und dabei nicht nur keinen Schaden erlitten, sondern sogar einen Gewinn gemacht hat, denn er hätte es schließlich noch mit größerem Gewinn verkaufen können (LZ. 1918, 869; Seuff. Arch. 73 S. 11).

Besteht bezüglich eines Hauses Schwammverdacht, so ist regelmäßig ein Minderwert gegeben. Denn die Verkehrsauffassung hat sich, obwohl nach der Wissenschaft der Schwamm endgültig beseitigt werden kann, noch nicht zu dieser Auffassung durchgerungen

[1]) Bezüglich der Wertsberechnung siehe Boethke, Der gemeine Wert der städtischen Grundstücke im ZBl. der Bauverwaltung 1913 Nr. 65; Piutti, Der gemeine Wert von Grundstücken im Steuerrecht im Gesetz und Recht XV S. 265; Mirre, Gemeiner Wert und Ertragswert in ZdDNotV. XIII, 155 ff.; Aerboe, Taxation von Landgütern. Berlin 1912.

und erachtet ein Anwesen, in dem bereits der Schwamm war, als minderwertig. Kann jedoch im einzelnen Fall nachgewiesen werden, daß durchgreifende Ausbesserungen vorgenommen worden sind und daß damit objektiv die Wiederkehr des Schwammes unter allen Umständen ausgeschlossen ist, dann ist keine Möglichkeit für die Erhebung der Minderungsklage gegeben. Es ist hierbei unbeachtlich, daß in Interessentenkreisen der Versuch gemacht werden wird, auf den Kaufpreis zu drücken (RG. 85, 252). Wenn, was im Geschäftsleben die Regel sein wird, der **Kaufpreis** dem **Verkehrswert** des Grundstücks **im mangelfreien** oder dem **vorgetäuschten Zustand** entspricht, so ist der Minderungsanspruch gleichbedeutend mit dem Betrag, der aufgewandt werden muß, um den verschwiegenen Mangel zu beseitigen oder den nicht bestehenden, aber vorgetäuschten Zustand herzustellen.

Hat ein **Dritter** die arglistige Täuschung verübt, so kann der Minderungsanspruch nur geltend gemacht werden, wenn der Dritte **in Vertretung** des Verkäufers gehandelt hat. Auf die arglistige Täuschung durch den Unterhändler kann daher der Minderungsanspruch nicht gestützt werden.

Das **Minderungsverlangen**, das selbstverständlich auch im Wege der Einrede gegenüber der Kaufpreisklage geltend gemacht werden kann, geht auf **teilweise Zurückzahlung** oder **teilweisen Erlaß der Kaufpreisschuld**.

Sind mehrere Grundstücke zu einem Gesamtpreis verkauft und sind nur einzelne mangelhaft, so ist der wirkliche Gesamtwert aller Sachen zu dem zu findenden geminderten Preis in dasselbe Verhältnis zu setzen, in welchem der Gesamtwert aller Sachen in mangelfreiem Zustand zu dem Gesamtpreise steht (JW. 98, 441).

Sind **neben** dem Kaufpreis, der in Geld zu leisten ist, noch andere Leistungen, z. B. ein Grundstück oder Waren oder eine Hypothek gemacht worden, so sind die letzteren mit ihrem Wert zur Zeit des Verkaufs anzuschlagen. Die Minderung erfolgt alsdann am Geldpreis. Reicht dieser nicht aus, so muß der Verkäufer dem Käufer den Betrag herausbezahlen, um welchen die Ermäßigung den baren Kaufpreis übersteigt (§ 473 BGB.; RG. 72, 301).

Ist der Kaufpreis teilweise gestundet und, was wohl regelmäßig der Fall sein wird, eine Kaufpreisresthypothek bestellt, so wird es den Parteiabsichten entsprechen, daß der bezahlte Kaufpreisteil gesichert und nur der gestundete Teil von dem eventuellen späteren rechtlichen Schicksal des Kaufvertrags ergriffen werden soll. Dies bedeutet praktisch, daß der Käufer in einem solchen Fall gänzlichen oder teilweisen Erlaß der Kaufpreisrestschuld, und wenn hiefür eine Hypothek bestellt ist, gänzlichen oder teilweisen Verzicht auf die Kaufschillingsresthypothek verlangen kann (§§ 1168, 1169 BGB.; RG. 71, 12; 74, 294). —

Auf Grund dieser Verzichtserklärung, sei es der freiwilligen, wobei die Formen des § 1168 II BGB., § 29 GBO. zu beachten sind, sei es der im Prozeß erzwungenen, wobei § 894 ZPO. Maß gibt, kann dann der Käufer den gesetzlich vorgeschriebenen Eintrag in das Grundbuch herbeiführen. Mit der Eintragung des Verzichts erwirbt er kraft Gesetzes an Stelle der Hypothek eine Grundschuld, die, wenn nur auf einen Teil zu verzichten ist, der für den Verkäufer weiter bestehenden Kaufschillingshypothek im Range nachgeht (§§ 1163 S. 1, 1176, 1177 I BGB.).

Ist die Kaufschillingshypothek inzwischen mit dem Recht eines Dritten belastet, z. B. verpfändet worden (§§ 1273ff. BGB.), so bleibt dieses Recht unangetastet. Der Käufer muß daher vom Verkäufer verlangen, daß er die Zustimmung des Dritten zum Verzicht beibringt (§§ 1168 II, 876 BGB.). Ist die Hypothek inzwischen an einen gutgläubigen Dritten weiterveräußert worden, so bleibt sie vom Minderungsverlangen unberührt, es müßte denn sein, daß der Käufer, was ihm auch dringend anzuraten ist, alsbald nach Entdeckung des Mangels, auf Grund dessen er Preisminderung verlangen will, einen Widerspruch im Grundbuch hat eintragen lassen (§§ 892, 1138, 1156, 1157 BGB.).

Auf Grund des formgerecht bewilligten und im Grundbuch eingetragenen Verzichts kann dann der Käufer beim Grundbuchamt den Antrag stellen, daß die Kaufschillingshypothek ganz oder teilweise auf ihn umgeschrieben wird. Steht eine Briefhypothek in Frage, so kann er vom Verkäufer die Herausgabe des Hypothekenbriefes oder bei Teilverzicht verlangen, daß dieser auf dem Hypothekenbrief vermerkt und daß der Hypothekenbrief zur Berichtigung des Grundbuchs und Herstellung eines Teilgrundschuldbriefes vom Verkäufer dem Grundbuch vorgelegt wird (§§ 1168 III, 1145 BGB.; §§ 61, 67 GBO.).

Abzuraten ist dem Käufer, sich mit einer Erklärung des Verkäufers, daß er die Kaufschillingshypothek „aufhebe" oder zur „Löschung bewillige" oder „abtrete" zu begnügen. Denn in diesen Erklärungen ist nicht unter allen Umständen der Verzichtswille mit den vorstehend rechtlichen Folgen zu erblicken. Der Käufer wird daher auf die Abgabe einer ausdrücklichen formalen Voll- oder Teilverzichtserklärung dringen müssen.

Bezüglich der Frage, ob der Verkäufer das **Minderungsverlangen** mit **seiner Bereitwilligkeit**, dem Mangel **abzuhelfen, ausschalten** kann, gelten die gleichen Grundsätze, wie sie oben in der Wandelungslehre erörtert worden sind (siehe S. 64).

Als **Gerichtsstand** für die Preisminderungsklage kommt in Betracht:

a) wenn der **Kaufpreis bezahlt** ist und ein Teil zurückverlangt wird, der Wohnsitz oder die Niederlassung des Verkäufers zur Zeit des Vertragsschlusses;

b) wenn er **nicht** oder **nicht völlig bezahlt** ist und Befreiung eventuell mit teilweiser Zurückzahlung verlangt wird, der Wohnsitz oder die Niederlassung des Käufers zur Zeit des Vertragsschlusses (§§ 7ff., 269 BGB.; § 29 ZPO.; RG. 66, 76).

Diese Entscheidung spricht sich auch über die Anwendung des örtlichen Rechtes in diesem Sinn aus.

Die Minderung kann im Gegensatz zur Wandelung für und gegen die mehreren Käufer und Verkäufer verlangt werden. Ist aber die Minderung für **einen** der Käufer vollzogen, d. i. durch Einverständnis oder rechtskräftiges Urteil, so kann nunmehr der Kaufvertrag nicht mehr gewandelt werden (§ 474 BGB.).

Das gleiche ist der Fall, wenn die Minderung von dem Käufer gegen **einen** der Verkäufer vollzogen ist. Ist wegen eines bestimmten Mangels die Minderung durchgeführt, so kann wegen eines neu entdeckten Mangels die Wandlung oder neuerliche Minderung verlangt werden, wobei der geminderte Kaufpreis der Minderungsberechnung zugrunde zu legen ist.

Vorbehaltlose Annahme schließt den Minderungsanspruch aus (§ 464 BGB.).

Steht ein **Tauschvertrag** in Frage, so gestaltet sich die Minderung folgendermaßen:

Der Kaufpreis im Sinne des § 472 BGB. ist nicht gleichbedeutend mit dem von den Vertragsteilen für die Tauschobjekte vereinbarten Annahmepreis. —

Bei der Gleichung nach § 472 BGB. ist als Kaufpreis der Wert der Leistungen des Minderungsklägers einzusetzen. Als solche kommen in Betracht eine etwa bezahlte Tauschaufgabe, Betrag der übernommenen Hypotheken und Reinwert des in Tausch gegebenen Grundstücks. Dieser Summe sind gegenüberzustellen Bruttowert des eingetauschten Anwesens in mangelfreiem und in mangelhaftem Zustand. Auf diese Weise wird die Größe X berechnet. Beispiel: Wert des eingetauschten Anwesens in mangelfreiem Zustand 100000 Mk., im mangelhaften Zustand 90000 Mk. Minderung beanspruchender Vertragsgegner hat gegeben: 10000 Mark Tauschaufgabe, übernommen 30000 Mk. Hypotheken und einen Reinwert des im Tausch veräußerten Grundstücks, d. i. Wert 100000 Mk. — 30000 Mk. Hypothekbelastung = 70000 Mark, Summa 110000 Mk.

Die Gleichung gestaltet sich demnach folgendermaßen:

$$\frac{110\,000 \text{ Mk.}}{x} = \frac{100\,000 \text{ Mk.}}{90\,000 \text{ Mk.}} \cdot 990\,000 \text{ Mk.} = 10\,x \qquad x = 99\,000 \text{ Mk.}$$

ermäßigte Gegenleistung.

Dieser Grundsatz, wonach nicht nur die übernommenen Schulden und die Barzahlung, sondern auch der Reinwert der Hauptleistung des Minderungsklägers in Ansatz zu bringen ist, kann dazu führen, daß der Vertragsgegner an den Getäuschten einen entsprechenden Geldbetrag zurück- bzw. ausbezahlen muß. Er kann dieser Geldbezahlungspflicht nicht mit der zerstörenden Einrede begegnen, daß der Minderungsberechtigte nur entsprechende Befreiung von den übernommenen Schulden begehren könne. Er muß vielmehr die berechnete Geldleistung zahlen, unbeschadet jedoch eines etwa bestehenden Zurückbehaltungsrechtes bis zur Bezahlung etwa in der Zwischenzeit fällig gewordener, vom Minderungsberechtigten übernommenen Hypothekschulden auf dem eingetauschten Anwesen, so daß eventuell Zug um Zug Verurteilung in Frage kommt (§§ 320, 273 BGB.; RG. 72, 299, 73, 152).

Die Beweislast bezüglich des behaupteten Mangels trifft den Käufer (RG. 95, 119).

Der Minderung steht die Rechtskraft des Urteils, durch das der Wandlungsanspruch zurückgewiesen worden ist, nicht entgegen (Warneyer 1911, 332).

Dagegen steht die Rechtskraft des Urteils bezüglich des Schadensersatzanspruchs nach § 463 BGB. dem nachträglichen Preisminderungsverlangen im Wege (Warneyer 1914, 332).

Der Minderungsanspruch verjährt in 30 Jahren (§ 477 I BGB.).

Dem **Bürgen** wird die Minderungseinrede im Gegensatz zur Wandelungseinrede in der Rechtslehre und Rechtsprechung fast ausnahmslos zuerkannt und dabei § 474 BGB. als Hauptstütze verwertet (RG. 66, 333).

3. Als dritter Gewährleistungsanspruch steht der Anspruch auf **Schadensersatz wegen Nichterfüllung** zur Verfügung. Er kann auch dann erhoben werden, wenn der Mangel dem Käufer infolge grober Fahrlässigkeit unbekannt geblieben ist (§ 460 BGB.). Als Gewährleistungsanspruch ist er ein **vertragsmäßiger.** Er geht auf das **gesamte Erfüllungsinteresse** und ist in **seinen Voraussetzungen** und **seinen Wirkungen grundverschieden** von dem **Schadensersatzanspruch, der auf Grund unerlaubter Handlung** ausgelöst wird. In diesem Gebiet besteht in den beteiligten Kreisen wenig Klarheit. Verwechslungen und Widersprüche sind häufig festzustellen.

Das Reichsgericht besteht bezüglich dieses Anspruchs in ständiger Rechtsprechung auf folgendem Standpunkte:

Schadensbetrag ist der Unterschied des Wertgegenstandes im Falle der Erfüllung und im Falle der Nichterfüllung der *beiderseitigen Leistungen.*

Der Gläubiger kann unter Wegfall seiner Verpflichtung zur Leistung den Mehrwert verlangen, den die ihm geschuldete Leistung gegenüber seiner eigenen für ihn hat (sog. **Differenztheorie**) (RG. 50, 253; 61, 253; 66, 67; 96, 20).

Der Schadensersatzanspruch bedeutet nicht Schadensersatz wegen Nichterfüllung der *geschuldeten* Leistung allein, sondern wegen Nichterfüllung von *Leistung* **und** *Gegenleistung.* Es ist also sowohl der Erfüllungsanspruch des Schadensersatzberechtigten, als auch der des Schadensersatzverpflichteten ausgeschlossen. Die beiderseitigen Leistungen, die nach dem verdrängten Vertrag zu machen gewesen wären, kommen nur als **Rechnungsfaktoren** in Betracht (JW. 1919, 715).

Der Kaufvertrag hat sich in einen durch Abrechnung festzustellenden Schadensersatzanspruch wegen Nichterfüllung aufgelöst.

Der Käufer hat also zunächst die Möglichkeit, den Kaufvertrag als **gänzlich unerfüllt** zu behandeln und die **Zurücknahme des Grundstücks** zu verlangen (RG. 52, 352). Er kann die Annahme des gekauften Grundstücks und Bezahlung des Kaufpreises verweigern oder diesen gegen Angebot der Zurückgabe des Grundstücks zurückfordern. Stellt er dies Verlangen, so muß dies nicht unbedingt als eine Maßnahme betrachtet werden, die nur als Wandelung aufgefaßt werden kann und als solche, wie bereits erörtert worden ist, mit einem vertragsmäßigen Schadensersatzanspruch auf das volle Erfüllungsinteresse nicht vereinbar ist. Immerhin ist Vorsicht geboten. **Empfehlenswert dürfte es sein, ausdrücklich zu betonen, daß das positive Erfüllungsinteresse und nicht Wandlung begehrt**, daß vielmehr die Zurücknahme des Grundstücks und Zurückbezahlung des Kaufpreises bzw. der Verzicht auf die Kaufpreisforderung nur als Bestandteil des Schadens verlangt wird. Die Zurückbezahlung des nutzlos aufgewendeten Kaufpreises ist gleichbedeutend mit einer teilweisen Verwirklichung des Schadensersatzanspruchs (JW. 17, 597, 902). Auch Ersatz von **Geschäftsunkosten** d. h. solcher Aufwendungen, die er nach der Übernahme des Anwesens, z. B. Wirtschaft, Hotel, Geschäftshaus, für den Betrieb gemacht hat, kann der Käufer verlangen. Diese Ausgaben bilden ebenfalls einen Teil des Erfüllungsinteresses, sofern sie, wenn der Vertrag richtig erfüllt worden wäre, **nicht unnötig aufgewendet** worden, sondern **nützlich** gewesen wären. Der Schaden ist auch hier nicht nur durch den **Abschluß des Vertrags**, sondern durch die **Nichterfüllung** entstanden (Warneyer 1912, 299). Der Käufer hätte, wenn richtig erfüllt worden wäre, diese Geschäftsspesen wieder hereingebracht. Neben dem Kaufpreis und diesen Unkosten können selbstverständlich auch die gesetzlichen **Zinsen** in Ansatz gebracht werden. Endlich kann der Schaden ersetzt verlangt werden, der dem Käufer dadurch entstanden ist, daß er weitere Einbuße an seinem Vermögen erlitten hat, daß ihm etwa ein **Geschäftsreingewinn** entgangen und ihm die Möglichkeit benommen worden ist, das **Anwesen gewinnbringend weiterzuveräußern.** Auch **Prozeßkosten** sind zu erstatten, wenn der Käufer mit einem Dritten, dem er das Grundstück verkauft hat, prozessiert und annehmen konnte, daß er mit Erfolg prozessieren werde. Selbstverständlich muß der Käufer die Vorteile, die ihm das Grundstück gebracht hat, z. B. Gebrauch, Nutzungen, dem Verkäufer gutschreiben (RG. 96, 26).

Die Schadensberechnung ist nicht nach der **subjektiven Auffassung** des Getäuschten vorzunehmen, sondern nach einem **objek-**

tiven vernünftigen Maßstab unter Berücksichtigung der Grundsätze über den **adäquaten Kausalzusammenhang.** Vermögensbeeinflussungen, die mit dem als Ursache beanspruchten Ereignisse nach der vernünftigen Lebensauffassung nicht mehr in unmittelbarem Zusammenhang stehen, sondern von ihm nur veranlaßt sind, müssen bei der Berechnung des Schadens ausscheiden. Das Reichsgericht hat (RG. 78, 270) mit Recht die Auffassung gebilligt, daß **verfehlte wirtschaftliche** Maßnahmen, die nach dem Erwerb des Anwesens getroffen worden sind und Vermögensverluste des Getäuschten herbeigeführt haben, nicht als Faktoren bei der Berechnung des Schadens in Ansatz gebracht werden dürfen.

Der Schadensersatzanspruch wegen Nichterfüllung ist grundsätzlich Schadensersatz **in Geld,** denn der ursprüngliche Erfüllungsanspruch ist ausgeschlossen. Er hat also nicht seine Grundlage in § 249 BGB., da dieser dazu führen würde, den Erfüllungsanspruch wieder herzustellen (RG. 61, 353).

Der Schadensersatzberechtigte kann grundsätzlich denjenigen Geldbetrag verlangen, der dem Wertstand am Tage des gerichtlichen Urteils entspricht. Denn nur so ist er, insbesondere bei Valutaschwankungen, völlig schadlos gehalten. Der Kläger kann daher, wenn er ursprünglich weniger verlangt hat, im Laufe des Prozesses mit Rücksicht auf die Geldentwertung den Klagsantrag erweitern (§ 268^2 ZPO.; RG. 98, 56 ff.; JW. 1921, 829).

Will der Käufer das Grundstück **behalten** und ist der Verkäufer damit einverstanden, so geht der Schadensersatzanspruch auf Ersatz dessen, was der Käufer haben würde, wenn die Sache mangelfrei wäre, d. h. die arglistig verschwiegene Eigenschaft nicht oder die betrügerisch zugesicherte Eigenschaft hätte. In diesem Falle kann er selbstverständlich nicht Erstattung der Vertrags- und Auflassungskosten und die Vermittlungsprovision verlangen. Das Reichsgericht drückt diesen Gedanken häufig so aus, daß der getäuschte Vertragsgegner wirtschaftlich in die Lage zu versetzen ist, in der er sich befinden würde, wenn die Sache mangelfrei wäre bzw. die vorgespiegelte Eigenschaft hätte. Man kann es auch so ausdrücken, daß der Käufer den Betrag verlangen kann, den das Grundstück mehr wert wäre, wenn es fehlerlos wäre oder die vorgespiegelten Eigenschaften hätte, denn diesen Wert wollte er durch die Bezahlung des Kaufpreises erlangen. Regelmäßig wird daher ein Sachverständigerbeweis in Frage kommen.

Der auf diese Weise zu berechnende Betrag ist nicht gleichbedeutend mit dem Minderungsbetrag nach § 472 BGB. oder dem Betrag, um den das Grundstück wegen des Mangels oder des Fehlens der zugesicherten Eigenschaft weniger wert ist, als beim Kaufabschluß angenommen wurde, oder als der Kaufpreis beträgt, wenn auch im einzelnen Falle diese Beträge gleich sein können.

Der Entscheidung 66, 335 liegt der Fall zugrund, daß der Verkäufer bezüglich der **Mietserträgnisse** unrichtige Angaben gemacht hat. Als Geldentschädigung ist dem Käufer der Betrag zuerkannt worden, um den das Haus mehr wert gewesen wäre, wenn es die vorgespiegelten Mietserträgnisse gehabt hätte. In einem anderen Falle (Warneyer 1915 Nr. 230) hatte der Verkäufer arglistig verschwiegen, daß Räume im Dachgeschoß, die bisher als Wohnung benützt worden sind, als solche nicht mehr benutzt werden dürfen.

Das Reichsgericht sagt:

„Für die Bemessung der nach § 463 BGB. zu leistenden Geldentschädigung ist eine geeignete Grundlage in der Behauptung gegeben, daß die Dachräume dem Käufer eine **jährliche Mietseinnahme von 300 Mk.** gebracht, die zu 5% **kapitalisiert**, einen Mehrwert von 6000 Mk. zur Folge gehabt hätten, wobei jedoch die Möglichkeit, die Dachräume zu anderen Zwecken zu vermieten in Gestalt der hiedurch erzielbaren, ebenfalls kapitalisierten Mietserträgnisse unter dem Gesichtspunkt der Vorteilsausgleichung zu berücksichtigen sind.

Der **Kaufpreis kann bei dieser Art der Schadensberechnung grundsätzlich eine Rolle nicht spielen.** Daher müssen auch die Grundsätze über Minderung außer dem Spiel bleiben. Daß in einem Falle, nämlich dann, wenn der Kaufpreis dem objektiven Wert des Grundstücks im mangelfreien bzw. vorgetäuschten Zustand entspricht, die Berechnung nach beiden Regeln zum gleichen Ergebnis führt, ist nur Zufall (RG. 62, 384).

Die Versuche des Käufers, der das Grundstück behalten, jedoch das Erfüllungsinteresse nach § 463 BGB. beanspruchen will, den **Kaufpreis** bei der Schadensberechnung hereinzuziehen, die immer wiederkehren, sind daher grundsätzlich verfehlt.

Die Schadensersatzklage setzt selbstverständlich voraus, daß der Käufer zur Zeit der Erhebung noch geschädigt ist. Dies ist z. B. dann nicht der Fall, wenn er über die Höhe der Mieterträgnisse getäuscht worden, es ihm aber gelungen ist, nach dem Kauf die Mieter mit ihrem Einverständnis zu steigern, so daß er nun tatsächlich das vorgetäuschte Mieterträgnis hat. Wollte hier der Käufer Schadensersatz verlangen, so würde er Herstellung eines Zustands verlangen, der bereits besteht. Nach den Grundsätzen der Vorteilsausgleichung wäre seine Klage unbegründet (Seuff. Arch. 67 Nr. 31).

Dagegen könnte er, wie schon bei dem Minderungsanspruch erwähnt, trotz Verkaufs mit Gewinn Schadensersatz verlangen, wenn er nachweist, daß er das Anwesen, wenn es mangelfrei gewesen wäre oder die vorgetäuschten Eigenschaften gehabt hätte, mit noch **größerem Vorteil** hätte veräußern können. Der Gewinn bei einem Weiterverkauf steht also der Schadensersatzklage grundsätzlich nicht entgegen (Recht 1917 Nr. 1396).

Bei der Schadensersatzberechnung haben auch die Grundsätze über **Mitverschulden** (§ 254 BGB.) und der **Vorteilsausgleichung** zur Anwendung zu kommen. Der Verkäufer kann daher verlangen, daß insoweit z. B. die Anwesenserträgnisse durch leichtsinnige und nachlässige Geschäftsführung und nicht durch den von ihm zu vertretenden Mangel gemindert worden sind, ein entsprechender Posten bei der Schadensberechnung zu Lasten des Käufers geschrieben wird. Dagegen kann sich der Verkäufer nicht in dem Sinne auf das Mitverschulden des Käufers berufen, daß er dem Schadensersatzanspruch gegenüber vorbringt, der Käufer hätte bei gehöriger Aufmerksamkeit die Täuschung erkennen und sich dadurch vor Schaden bewahren können (RG. 69, 281; 76, 323; Warneyer 1911, 64; 1915, 275). Der Gesichtspunkt der Vorteilsausgleichung bedeutet, daß ein Schaden im Rechtssinn insoweit nicht vorhanden ist, als die eingetretene Vermögensminderung durch einen **Nutzen**, der mit dem Erwerb des Grundstücks verbunden war, also mit diesem im adäquaten Zusammenhang steht, wieder aufgehoben worden ist (RG. 80, 155; 84, 386; 93, 144). Auch auf die Angemessenheit des Preises kann sich der Verkäufer nicht berufen, wenn das Grundstück neben dem Mangel allenfalls andere Vorzüge hat. Verwehrt ist ihm ferner bei dem Verschweigen eines Bauverbots die Berufung darauf, daß das Grundstück durch die in der Umgebung erfolgte Anlage von Kasernen oder öffentlichen Bauten im Werte erhöht oder vom Käufer als landwirtschaftliches Grundstück gleich erträgnisreich, wie als Wohngebäude ausgenützt wird.

Durch vorbehaltslose Annahme in Kenntnis des Mangels geht der Schadensersatzanspruch verloren (§ 464 BGB.). Vorbehaltslose Annahme ist auch dann gegeben, wenn der Käufer in der Zeit zwischen Übergabe und Auflassung über den wirklichen Zustand des Grundstücks, insbesondere der Gebäulichkeiten sich vergewissert hat (Warneyer 1918 Nr. 114).

Will der Käufer das Grundstück **behalten**, so kann er neben einem eventuellen weiteren Schaden auch die Beseitigung des beim Kaufabschluß arglistig verschwiegenen Mangels unter dem Gesichtspunkt des Schadensersatzes § 249 BGB. verlangen (Enneccerus, Bürg. Recht I. § 335 Abs. I S. 1).

Die **Verjährung** des Schadensersatzanspruches nach § 463 BGB. tritt in 30 Jahren ein. Kommt neben der Haftung des Verkäufers gleichzeitig noch die Haftung eines Dritten, z. B. Unterhändlers, Hypothekgläubigers in Frage, so ist abgesehen davon, daß dieser nur für das negative Interesse haftet, das grundsätzlich nicht gleichbedeutend ist mit dem Erfüllungsinteresse, zu beachten, daß dieser Schadensersatzanspruch schon in 3 Jahren verjährt (§ 852 BGB.).

Örtlich zuständig für die Schadensersatzklage ist dasjenige Gericht, bei dem der Verkäufer seinen allgemeinen Gerichtsstand hat oder das Gericht, in dessen Bezirk das Grundstück liegt, da der Verkäufer an diesem Ort seine Vertragsverpflichtungen zu erfüllen hat (§§ 12, 29 ZPO.).

Beim **Tausch** führt die Differenztheorie zur folgenden Schadensberechnung. Der Getäuschte kann unter dem Verlangen der Zurückgabe des von ihm vertauschten Objektes gegen Zurückgabe des von ihm eingetauschten Objekts seinen Schadensersatz in der Weise berechnen, daß er unter Zugrundelegung der Reinwerte der Tauschobjekte als Rechnungsfaktoren den Betrag berechnet, den er bei richtiger Vertragserfüllung als Mehrwert in seinem Vermögen gehabt hätte. Er kann aber auch, wenn der Vertragsgegner damit einverstanden ist, das eingetauschte Grundstück behalten und das vertauschte dem Vertragsgegner belassen oder zurückverlangen und ebenfalls unter Zugrundelegung der Reinwerte sein Erfüllungsinteresse berechnen. Diese Grundsätze führen in dem Fall, daß der schadensersatzverpflichtete Vertragsgegner das eingetauschte Grundstück nicht mehr zurückgeben kann, z. B. wegen Weiterverkaufs oder Zertrümmerung, der Getäuschte die Zurücknahme des eingetauschten Grundstücks, wenn er dieses nicht behalten will, vom Vertragsgegner verlangen und dann unter Zugrundelegung der vom Vertragsgegner erhaltenen Vermögenswerte, z. B. Tauschaufgabe, Befreiung von Hypotheken auf dem vertauschten Objekt seinen Schaden berechnen kann. Der Ersatzverpflichtete kann nicht verlangen, daß der Getäuschte das eingetauschte Grundstück behält und sich den Reinwert auf seinen Schadensersatzanspruch anrechnet (RG. 96, 20). Im übrigen gelten die obigen Ausführungen entsprechend. —

Ist der Käufer nicht über **Sacheigenschaften**, sondern über **den Umfang des Rechtes** getäuscht worden, z. B. der Verkäufer hat ihm verschwiegen, daß dem Nachbarn ein Fahrtrecht über das verkaufte Grundstück oder ein Wasserbezugsrecht auf diesem zusteht, dann ist die Rechtslage folgende:

§ 463 BGB. kann nach den früheren Ausführungen nicht zur Anwendung kommen. Einschlägig sind vielmehr § 440 I. mit §§ 320—327 BGB. Es liegt sogen. **Teilunmöglichkeit** vor (Örtmann BGB. Anm. 3 § 434. Der Käufer kann also, da regelmäßig die Erfüllung des Kaufvertrages für ihn kein Interesse haben wird, vom ganzen Vertrag zurücktreten oder Minderung seiner Leistungen oder Schadensersatz wegen Nichterfüllung des ganzen Vertrags eventuell nur Schadensersatz wegen teilweiser Nichterfüllung verlangen.

Im einzelnen ist dann die Rechtslage im wesentlichen die gleiche wie sie oben bezüglich der Zurückgabe der gemachten Leistungen nach vollzogener Wandelung, der Berechnung der Minderung und des Schadensersatzes wegen Nichterfüllung geschildert worden ist (§§ 327, 346 ff., 467 BGB.). —

Auch bei **Sachmängeln** wird man dann auf die Anwendung der §§ 440 I., 325 BGB. zurückkommen müssen, wenn der Käufer den Mangel schon vor der Übergabe und der Auflassung bemerkt, die Entgegennahme der Auflassung verweigert und die Ansicht des

Reichsgerichts gebilligt wird, daß die Gewährleistungsansprüche nach §§ 459ff. BGB. grundsätzlich nur dann zur Anwendung kommen können, wenn die Gefahr auf den Käufer übergegangen, das Grundstück also dem Käufer übergeben oder aufgelassen ist. Denn in diesem Fall muß § 325 BGB. die Lücke ausfüllen[1]) (vgl. hiezu Arch. f. bürg. Recht 41, 445ff.).

Werden die Gewährschaftsansprüche erst geltend gemacht, nachdem der Verkäufer oder der Käufer in **Konkurs** geraten ist, so gilt folgendes:

Nach der herrschenden Ansicht gehört die mangelfreie Leistung zur Erfüllungspflicht des Verkäufers.

Ist das Grundstück mangelhaft, so hat er mithin nicht vollständig erfüllt.

Der Käufer kann daher dem Konkursverwalter im Konkurse des **Verkäufers**, wenn der Kaufpreis verlangt wird, die Wandelung entgegenhalten oder Minderung bzw. Schadensersatz verlangen. Diese Ansprüche bilden Passiva der Konkursmasse (§§ 17, 59² KO.).

Gerät der **Käufer** vor vollständiger Zahlung des Kaufpreises in Konkurs, so kann der Verkäufer, wenn sich der Konkursverwalter für Nichterfüllung entscheidet, das bereits übereignete Grundstück nicht zurückfordern, sondern nur den unter Berücksichtigung des Mangels zu berechnenden Schaden anmelden (§ 26 KO.).

Wenn aber der Konkursverwalter des **Käufers** Wandelung verlangt, so kann der Verkäufer einen Rückgewähranspruch nach §§ 462, 465 BGB., § 59¹ KO. geltend machen (Jaeger, KO. § 17 Anm. 23).

V.

Die Schadensersatzansprüche auf Grund der §§ 823, II, 826 BGB., § 263 StGB.

In dieses Gebiet fallen beim Nachweis der gewollten Vermögenbeschädigung und der übrigen Tatbestandmomente der sittenwidrigen Schädigung und des Betrugs im wesentlichen die nachstehenden Fälle. **Schadensersatz neben erfolgter Anfechtung und Wandlung**, und **Schadensersatz ohne Ausübung des Anfechtungs- und Wandlungsrechtes**, gerichtet entweder auf schuldrechtliche Auf-

---

[1]) In diesem Zusammenhang wird mit Rücksicht auf eine in der Praxis häufig bemerkbare falsche Auffassung besonders darauf aufmerksam gemacht, daß wenn beim Kauf einer **Hypothek** der Verkäufer bezüglich des Wertes des Anwesens oder der **Zahlungsfähigkeit des Schuldners** bewußt unrichtige Angaben macht, der Käufer, der beim Vertrag stehen bleiben will, **nicht** das **Erfüllungsinteresse** verlangen kann, es müßte denn sein, daß ihm der Käufer **garantiert** hat. Siehe neuerlich LZ. 1920, 260; Warneyer 1916 Nr. 197; ZfR. 1921, 126. Die gleiche Rechtslage ist gegeben, wenn ein Pächter eines landwirtschaftlichen Grundstücks seine Rechte aus dem Pachtvertrag einem Dritten überträgt und

hebung des Vertrags oder auf Schadensersatz in Gestalt einer Geldforderung unter Aufrechterhaltung des Vertrags. Hierher gehören insbesondere die Fälle, in denen der Käufer beim Vertrag stehen bleiben will und sich auf § 463 BGB. nicht berufen kann (**Hypothekenkauf, Täuschung beim Kauf**, ohne daß eine **Sacheigenschaft** oder ein **gleichgestelltes Rechtsverhältnis** vorliegt, z. B. unrichtige Angaben über **Selbstkosten, Höhe der Wertzuwachssteuer, Zahlungsfähigkeit der Mieter, Notariatskosten, Verschweigen eines Austrags, Vorspiegelung einer Grunddienstbarkeit** usw.) (JW. 1910, 111), oder der Verkäufer durch den Käufer über seine Zahlungsfähigkeit oder die Güte der in Zahlung gegebenen Hypotheken oder durch einen Dritten, z. B. Grundstücksmäkler, Hypothekgläubiger ohne Mitwirkung und Kenntnis des Verkäufers getäuscht worden ist. **Auch dann, wenn die Anfechtung verjährt ist, können die in Rede stehenden Rechtsbehelfe in Frage kommen.**

Gerade in solchen Fällen richtet die Verkennung der Rechtslage insbesondere des richtigen Unterschiedes zwischen positivem Erfüllungsinteresse und negativem Vertragsinteresse in den Klageschriften, den vorbereitenden Schriftsätzen und auch in Urteilen häufig die bedenklichste Verwirrung an.

Der grundsätzliche Unterschied zwischen dem Schadensersatz nach § 463 BGB. und dem nach §§ 823, 826 BGB., der häufig nicht beachtet wird, besteht in folgendem:

Der **Kausalzusammenhang** zwischen Täuschung und Willensentschluß des Käufers ist wie bei der Anfechtung **nachzuweisen**. —

Im Falle der Stellvertretung, insbesondere der gesetzlichen, ist mit der Bejahung der Anfechtungsmöglichkeit nicht auch die Schadensersatzverpflichtung auf Grund Delikts (§§ 823, 826 BGB.) bejaht. Es steht im Gegensatz zu § 463 BGB. der Entlastungsbeweis § 831 BGB. offen[1]).

Die Berechnung des Schadens auf Grund unerlaubter Handlung hat nach §§ 249 ff. BGB. zu erfolgen. Es kann deshalb von dem Schadensersatzberechtigten lediglich **Herstellung des Zustands** verlangt werden, der bestehen würde, wenn das zum

---

beim Vertragsschluß den Dritten bezüglich der Saat und der Art der Düngung täuschende Angaben gemacht hat. Denn Saat und Düngung können rechtlich nicht als Sachkauf behandelt werden, da sie gemäß § 94 BGB. wesentliche Bestandteile des Grundes geworden sind. LZ 1921, 373.

[1]) Der Deutlichkeit halber wird betont, daß

a) im Falle der gesetzlichen Vertretung eine außerkontraktliche Haftung des Vertretenen überhaupt nicht gegeben ist, eine Schadenshaftung vielmehr nur in den engen Grenzen des § 463 BGB. gegeben ist,

b) im Falle der gewillkürten Stellvertretung aber Deliktshaftung vorbehaltlich des § 831 BGB. eventuell neben § 463 BGB. besteht (s. Recht 1915, 264).

Schadensersatz verpflichtende Ereignis, also die **Täuschung, nicht eingetreten wäre. Es ist wirtschaftlich die gleiche Lage herzustellen, wie sie ohne die Täuschung bestanden hätte.** Es handelt sich hier im Gegensatz zu § 463 BGB. um das sog. „**negative Vertragsinteresse**", das grundsätzlich ebenfalls den entgangenen Gewinn (§ 252 BGB.) umfaßt. Auch so läßt sich der Unterschied erklären, daß, während § 463 BGB. den Käufer so stellen will, wie er gestellt wäre, wenn der Fehler nicht oder die vorgetäuschte Eigenschaft vorhanden wäre, §§ 823, 826 BGB. ihn in die Lage versetzen will, in der er sich befinden würde, wenn der Betrug nicht verübt worden wäre und er dementsprechend seine geschäftlichen Maßnahmen eingerichtet hätte (RG. 58, 327; SeuffArch. 62, 226; vgl. auch §§ 122, 179 II BGB.). Bei der Schadensersatzermittlung ist im einzelnen davon auszugehen, daß die Haftung soweit reicht, wie der adäquate Zusammenhang. Die Schadensersatzpflicht erstreckt sich daher auf alle unmittelbare oder mittelbare, aber adäquat verursachte Nachteile, wobei aber auch alle unmittelbare oder mittelbare, adäquat verursachte Vorteile in Rechnung zu stellen sind. Im Prozeß ist maßgebend für diese Berechnung der **Zeitpunkt der Schlußverhandlung**. Der Kläger hat die Nachteile, der Beklagte die Vorteile zu beweisen (RG. 80, 164; ROLG. Bd. 32, 391). Der arglistig Getäuschte, der den Grundstückskauf angefochten hat, kann daher neben seinen Bereicherungsansprüchen, wie sie früher bei der Ausgleichung nach erfolgter Anfechtung S. 27 ff. erörtert worden sind, noch seinen Vermögensschaden, der in ursächlichem Zusammenhang mit dem Geschäft steht, ersetzt verlangen. Es kann daher der getäuschte Verkäufer den Schaden begehren, der ihm durch Ausschlagen eines anderen Kaufangebots entgangen ist. Der getäuschte Käufer kann Ersatz seiner Vertragskosten (Notariatsgebühren, Steuern) und der Mehrauslagen, die er infolge der gestiegenen Preise für den Erwerb eines anderen Grundstücks aufwenden muß, beanspruchen. Die Ausgaben, die vom Käufer gemacht worden sind und sich nicht als unmittelbare oder mittelbare Vertragskosten darstellen, sondern durch den Vertrag nur veranlaßt worden sind, z. B. Inserate, Plakate, kann er, wenn er **wandelt**, nur verlangen, wenn er die Klage auch auf Betrug oder § 826 BGB. stützt[1]).

Ist von dem Anfechtungsrecht innerhalb der einjährigen Frist nicht Gebrauch gemacht worden, weil z. B. der Getäuschte beim Vertrag stehen bleiben wollte oder weil ihm unbekannt war, daß das Anfechtungsrecht gesetzlich befristet ist und möchte der Getäuschte nachträglich vom Vertrag loskommen, so kann er dieses Ziel nunmehr noch auf dem Weg des Schadensersatzes nach

[1]) Hat er statt der Wandlung die Schadensersatzklage nach § 463 BGB. erhoben, dann besteht die Möglichkeit, mit ihr Ersatz solcher Aufwendungen zu erlangen, s. Ziff. IV a. Ende.

§§ 823, 826 BGB. erreichen. **Er kann unter dem rechtlichen Gesichtspunkt der schuldrechtlichen Wiederherstellung des früheren Zustandes, der ohne die verübte arglistige Täuschung bestehen geblieben wäre, die Aufhebung des Kaufvertrags verlangen.**

Das Reichsgericht hat früher zwar die Ansicht vertreten, daß nach Ablauf der Anfechtungsfrist der Vertrag im Wege eines Schadensersatzanspruches nicht aufgehoben und Rückgängigmachung der Erfüllung verlangt werden könne (RG. 63, 269). Es hat jedoch diesen Standpunkt, der vom Schrifttum mit Recht bekämpft worden ist (Enneccerus, § 164 Anm. 2 und RGRKomm. § 124 Anm. 1) nunmehr aufgegeben (RG. 79, 197, 84, 131), da es sich bei Anfechtung und schuldrechtlicher Aufhebung auf Grund unerlaubter Handlung um Rechtsbehelfe handele, die in ihren Voraussetzungen und Wirkungen grundverschieden sind und kein Anlaß ersichtlich sei, warum die gewöhnlichen Deliktsfolgen dem Betrüger gegenüber gemildert werden sollten.

Der **getäuschte Verkäufer** kann daher gegen Rückbezahlung des Kaufpreises bzw. Rückerstattung der in Zahlung gegebenen Werte vom Käufer die **Rückauflassung** und Rückgabe des Grundstücks und die Zurückgabe der beweglichen Zubehörungen und der vorhandenen Nutzungen verlangen. Bei Beschädigung des Anwesens oder der Zubehörungen kann er die Ausbesserung verlangen. Soweit die Naturalherstellung nicht möglich ist oder den Schaden nicht völlig ausgleicht, ist der Verkäufer in Geld zu entschädigen, wobei der Käufer auch für zufälligen Untergang und zufällige Beschädigung haftet, es müßte denn sein, daß er nachweist, daß der Untergang oder die Verschlechterung auch ohne das Veräußerungsgeschäft eingetreten wäre (§§ 249, 251 I, 848 BGB.). Der betreffende Geldbetrag ist mit 4% zu verzinsen, und zwar von dem Zeitpunkt an, welcher der Bestimmung des Wertes zugrunde gelegt wird (§§ 246, 849 BGB.).

Diese Geldentschädigung wird praktisch werden, wenn der Käufer das Grundstück, die Zubehörungen oder die gezogenen Nutzungen weiter veräußert, Nutzungen, die der Verkäufer gezogen hätte, nicht gezogen hat, die Ausbesserung nicht möglich ist oder vom Käufer unter Berufung darauf, daß sie mit unverhältnismäßig hohen Kosten verbunden, abgelehnt werden kann (§ 251 II BGB.). Verlangt der Verkäufer noch entgangenen Gewinn, so kann er daneben aber nicht die Verzinsung des Werterſatzes verlangen RGRKomm. Anm. zu § 849 BGB.).

Der **Käufer** hat in diesem Fall wegen der von ihm auf das Grundstück gemachten Verwendungen die Rechte, die dem bösgläubigen Besitzer gegenüber dem Eigentümer zustehen (§ 850 BGB.). Er kann also nur Ersatz für die **notwendigen** Aufwendungen verlangen, die dem wahren Interesse und dem mutmaßlichen Willen des Verkäufers entsprechen. **Das Zurückbehaltungsrecht steht in diesem Fall dem Käufer nicht zu.** Er hat nur einen **Klagsanspruch**, den er auch im Wege der **Widerklage** geltend machen kann (§§ 850, 990, 994 II, 995, 1000 S. 2, 1001, 1002, 256, 257, 246 BGB.). **Nützliche** Verwendungen kann er nicht ersetzt verlangen (§ 996 BGB.). Im übrigen wird bezüglich dieses Verwendungsanspruchs auf die Ausgleichung im Falle der Anfechtung verwiesen (siehe S. 46).

Der **getäuschte Käufer** kann in diesem Falle gegen Zurückgabe des Grundstücks, der Zubehörungen und der noch vorhandenen Nutzungen die Zurückbezahlung des Kaufpreises nebst 4% Zinsen vom Zeitpunkt der Zahlung verlangen, da die Vermutung dafür spricht, daß er das Geld verzinslich angelegt und den Zinsbetrag seinem Vermögen zugeführt hätte (§ 246 BGB.). Ferner kann er beanspruchen Ersatz der notwendigen und nützlichen Verwendungen, insbesondere der Steuern, Versicherungsbeiträge und sonstigen Lasten nebst 4% Zinsen vom Tage der Aufwendung an eventuell Befreiung von für solche Verwendungen eingegangenen Schuldverbindlichkeiten (§§ 256, 257 BGB.). Nach den Grundsätzen der sog. Vorteilsausgleichung muß er sich jedoch an seinem Anspruch denjenigen Betrag in Abrechnung bringen, der durch den betrügerischen Kauf seinem Vermögen zugeflossen ist, z. B. den Wert der verbrauchten oder verkauften Früchte oder sonstigen Nutzungen. Für seine Forderungen steht ihm am Grundstück, den Zubehörungen und den noch vorhandenen Nutzungen das Zurückbehaltungsrecht zu (§ 273 BGB.).

Die Rechtslage bezüglich des **Abtrennungsrechts** des Käufers ist die gleiche wie im Falle der auf Grund der Anfechtung vorzunehmenden Ausgleichung; §§ 258, 997, 998 BGB. (siehe S. 35, 47).

Hat der Käufer das Grundstück zurückgegeben, ohne vom Abtrennungsrecht Gebrauch zu machen, dann braucht der Verkäufer die Wegnahme nur zu gestatten, wenn ihm für den mit der Wegnahme verbundenen Schaden Sicherheit geleistet wird (§ 258 S. 2 BGB.).

Handelt es sich um einen **Hypothekenkauf**, bei dem infolge arglistiger Empfehlung eine unsichere Hypothek erworben worden ist, so kann der getäuschte Käufer verlangen, daß der Verkäufer ihm gegen Rückübertragung der Hypothek den empfangenen Geldbetrag mit Zinsen von dem Zeitpunkt der Zahlung an zurückbezahlt oder wenn die Hypothek bereits im Zwangsversteigerungsverfahren ganz oder teilweise ausgefallen ist, den Ausfall ersetzt[2]).

Dieser schuldrechtliche **Vertragsaufhebungsanspruch** hat, wie bereits in anderem Zusammenhang erwähnt worden ist (siehe S. 25), keine praktische Bedeutung, wenn der Vertrag mit Erfolg angefochten werden kann und angefochten **ist**.

Daß, solange die Anfechtungsfrist **noch läuft**[1]), auf dem gleichen Wege die Aufhebung des Vertrags herbeigeführt werden kann,

[1]) Gegensatz: Die Anfechtungsfrist ist abgelaufen.
[2]) Siehe im einzelnen S. 101 ff.

ist bei den verschiedenen Voraussetzungen und Zielen der Anfechtung einerseits und des Schadensersatzanspruchs andererseits jedenfalls nicht zweifelhaft, und, soviel ich sehe, in der Rechtslehre und Rechtsprechung auch nicht bestritten.

Oft verlangt der Getäuschte unter Abstandnahme von der Anfechtung und Wandlung und mit Aufrechterhaltung des Vertrags wegen arglistiger Täuschung Schadensersatz in Geld. Derartige Rechtsstreitigkeiten z. B. wegen Täuschung über die Erträgnisse, Güte der an Zahlungs Statt gegebenen Hypotheken beschäftigen häufig die Gerichte. In diesen Fällen verlangt der Getäuschte nicht selten das **Erfüllungsinteresse**. Er will wirtschaftlich so gestellt werden, wie wenn die betrügerischen Angaben der Wahrheit entsprechen würden. Er begehrt z. B. die **Herabsetzung des Kaufpreises** oder den **Wert der in Zahlung genommenen Hypotheken.** Diese Schadensberechnung ist unrichtig. Das Reichsgericht steht in ständiger Rechtsprechung (siehe RG. 83, 245) auf dem Standpunkt, daß der Schadensersatzanspruch des Getäuschten, der bei dem Vertrag stehen bleiben und nach §§ 823 Abs. II, 826 BGB.; § 263 StGB. Schadensersatz begehren will, nach § 249 BGB. zu berechnen ist. Der Getäuschte kann verlangen, daß der Zustand hergestellt wird, der bestanden hätte, wenn der zum Ersatz verpflichtende Umstand, nämlich die **Täuschung**, nicht eingetreten wäre. Auf die Täuschungshandlung zurückzuführen ist zunächst nur der Abschluß des Vertrags. Seine Beseitigung und die Rückgewähr der vollzogenen Leistungen bilden in erster Linie den Inhalt des durch § 249 BGB. begründeten Schadensersatzanspruchs. Der Betrogene muß also das Grundstück herausgeben eventuell den Anspruch, den er auf Herausgabe gegen einen Dritten hat, abtreten. Unmöglichkeit der Zurückgabe befreit ihn, wenn sie unverschuldet und wenn sie verschuldet ist unter der Voraussetzung, daß er nicht durch eine unerlaubte Handlung die Unmöglichkeit herbeigeführt hat. Es kann daher niemals das **Erfüllungsinteresse**, sondern abgesehen von dem bereits versprochenen, hier nicht interessierenden Fall der Vertragsauflösung mit schuldrechtlicher Wirkung, nur das sog. „**negative Vertragsinteresse**" auch „**Vertrauensinteresse**" genannt verlangt werden. Der betrogene Käufer kann daher eine **Geldentschädigung** nur verlangen, wenn er nachweisen kann, daß der Verkäufer bereit gewesen wäre, zu ihm ungünstigeren Bedingungen z. B. niedrigerem Kaufpreis den Kaufvertrag abzuschließen [1]). Ist bei einem **Hypothekkauf** die Güte und Einbringlichkeit wider besseres Wissen vorgespiegelt worden, so kann nicht unter dem Gesichtspunkt des Erfüllungsinteresses der Nennbetrag der Hypothek verlangt werden, sondern der Schadensersatzanspruch berechnet sich aus einer Vergleichung der Vermögenslage vor und nach dem Kauf [2]). Ist beim Verkauf einer Hypothek die Einleitung

[1]) Siehe neuerdings RG. 103, 154.
[2]) Siehe im einzelnen S. 101 ff.

der Zwangsvollstreckung arglistig verschwiegen worden, so kann der Käufer nicht unter Aufrechterhaltung des Vertrags Schadensersatz in Geld, also den Wert der Hypothek verlangen, sondern nur Wiederherstellung des früheren Zustandes, mithin Zurückgabe der Leistungen begehren (JW. 1911, 213). Nicht unerwähnt soll bleiben, daß das Reichsgericht in der einschlägigen Rechtsprechung immer wieder betont, daß von einem Ersatzanspruch des Getäuschten nur dann die Rede sein kann, wenn feststeht, daß der Getäuschte **tatsächlich** geschädigt ist. Das ist z. B. dann nicht der Fall, wenn der Verkäufer, der als Teil des Kaufpreises schlechte Hypotheken erhalten, aber in den übrigen, ihm gegebenen Werten den **vollen Gegenwert** für seine Leistung erhalten hat oder wenn eine in Zahlung gegebene oder käuflich erworbene Hypothek in der Zwangsversteigerung zwar ausgefallen ist, der ausgefallene Hypothekgläubiger aber selbst das belastete Grundstück erstanden hat und der Verkehrswert ein derartiger ist, daß der erstehende Hypothekgläubiger durch einen Weiterverkauf alsbald in der Lage ist, den Hypothekenbetrag wieder seinem Vermögen zuzuführen. Gerade hier zeigt sich der Unterschied zwischen Erfüllungsinteresse und negativem Vertragsinteresse besonders deutlich. Das **Erfüllungsinteresse** könnte er auch **ohne Vermögensschädigung** begehren. Das Reichsgericht hat damit seinen früheren Standpunkt, wonach der Getäuschte, der beim Vertrag stehen bleiben will, gemäß §§ 249, 823, 826 BGB. die Herstellung des **vertragsmäßigen** Zustands, also das **Erfüllungsinteresse** verlangen kann (RG. 59, 157; 63, 110), aufgegeben. Der **betrogene Käufer**, der beim Kaufvertrag stehen bleiben und, weil er den Schadensersatzanspruch nach § 463 BGB. nicht geltend machen kann, einen auf Geld gerichteten Schadensersatzanspruch auf Grund **unerlaubter Handlung** mit Erfolg geltend machen will, muß daher behaupten und beweisen, daß ihm der Verkäufer bei ordentlichem Verhalten das Grundstück oder die Hypothek um den Betrag, den er als Schadensersatz verlangt, **billiger** verkauft hätte. Folgerichtig muß der **betrogene Verkäufer**, der Schadensersatz verlangt, nachweisen, daß ihm der Käufer bei redlichem Verhalten den als Schaden berechneten Betrag in Gestalt eines höheren Kaufpreises oder besserer Gegenwerte bewilligt hätte. Das Reichsgericht billigt jedoch dem betrogenen Verkäufer auch die Vermögenseinbuße als Schadensersatz zu, die er dadurch erlitten hat, daß er durch die Unredlichkeit des Käufers davon abgehalten worden ist, das Grundstück an einen **anderen** Käufer vollwertig oder zu reellen Gegenwerten abzugeben.

Der Käufer hat z. B. dem Verkäufer **wertlose Hypotheken in Zahlung gegeben.** Das Reichsgericht sagt, wenn der Getäuschte die Behauptung aufstelle, es sei ihm möglich gewesen, sein Grundstück in der Weise zu verkaufen, daß er neben den anderen Leistungen des Täuschenden, anstatt der Hypotheken noch 10000 Mk.

in bar erhalten hätte, sein Geldanspruch rechtlich begründet sei oder doch begründet werden könne (RG. 83, 245). Diesem Standpunkt hat sich der III. Senat in dem in Warneyer Jahrbuch 1915 Nr. 275 abgedruckten ähnlich gelagerten Fall angeschlossen. Es sagt, daß der Schaden des Käufers, wenn er von dritter Seite anstatt der wertlosen Hypotheken „reelle Werte" erhalten hätte, in dem Betrag dieser reellen Werte bestehe. Die Rechtsprechung des Reichsgerichts ist übrigens in diesem Gebiet nicht einheitlich.

Der III. Senat (RG. 86, 334) hat dem Pächter, der durch arglistige Täuschung zum Abschluß des Pachtvertrags bestimmt worden ist, das Recht zugesprochen, mit der sog. Differenzklage Ermäßigung des Pachtzinses zu verlangen. Er führt aus, daß der durch unerlaubte Handlung Getäuschte nicht Schaden erleiden darf und so gestellt werden muß, wie wenn die Täuschung nicht erfolgt wäre.

Auch in der Entscheidung des V. Senats (RG. 63, 110) ist dem Käufer die **Ermäßigung des Kaufpreises** bis zu dem Betrag zugesprochen worden, den er ohne Betrug gegeben hätte. Es ist hiebei ausdrücklich betont, daß es gleichgültig ist, ob der Betrüger zu diesem Betrag verkauft hätte oder nicht. In ähnlicher Weise äußert sich RG. 66, 335, wo in der entsprechenden Herabsetzung des Kaufpreises die Herstellung des Zustandes erblickt wird, der bestanden hätte, wenn die Täuschung nicht erfolgt wäre (§ 249 BGB.). Der Standpunkt des Reichsgerichts, daß der Käufer **nachweisen** muß, daß der Verkäufer bei redlichem Verhalten einen **geringeren Preis** bewilligt hätte, führt in der Praxis zu Schwierigkeiten. Denn der Beklagte wird regelmäßig nicht einräumen, daß er billiger hergegeben hätte.

Überdies fehlt es auch an einem Maßstab, nach dem bei Streit der Kaufpreis herabgesetzt werden soll. Es dürfte daher zu erwägen sein, ob man sich nicht der (RG. 86, 334) vertretenen Ansicht anschließen soll, um so mehr als sonst der Betrüger in ganz unangebrachter Weise bevorzugt würde.

Hiebei ist, worauf Riehl S. 26 mit Recht hinweist, zu betonen, daß in den Fällen, in denen der Betrüger einen übermäßigen Gewinn erzielt hat, sich die richterliche Überzeugung ohne weiteres dahin bilden wird, daß er sich auch mit einem geringeren Kaufpreis begnügt hätte.

Die Höhe des Schadens kann das Gericht nach § 287 ZPO. feststellen. Eine entsprechende Anwendung der Grundsätze in § 472 BGB., die auch bei unverschuldeter und vom Schuldner zu vertretender Unmöglichkeit entsprechend anzuwenden sind (§§ 323 Abs. I, 325 Abs. I S. 3 BGB.), scheint mir möglich.

Der getäuschte Käufer kann demnach **ohne den Nachweis führen zu müssen**, daß ihm der Verkäufer das Grundstück billiger gegeben hätte, als negatives Vertragsinteresse die Differenz des von ihm bezahlten und des auf diese Weise zu berechnenden Kaufpreises verlangen. Hat er eine Kaufpreisresthypothek an dem erworbenen Grundstück bestellt, so kann er die teilweise Löschung der Hypothek begehren (§ 1168 BGB. und RG. 71, 17). —

Ausnahmsweise kann der Betrogene, der beim Vertrag stehen bleiben will, das **positive Erfüllungsinteresse** verlangen, nämlich dann, wenn sich die Täuschung darauf erstreckt, daß eine dem Verkauf zugefügte Bedingung überhaupt nicht eintreten kann. Auch hier wird wie im Falle des § 162 BGB. die Erwartung des bedingt berechtigten auf Erfüllung der Bedingung durch argliſtiges Verhalten des Vertragsgegners getäuscht (Warneyer 1915 Nr. 200). Hätte also z. B. A in einer Zeit allgemeiner wirtschaftlicher Depression sein Anwesen an B unter der Bedingung veräußert, daß ihm (A) die Konzession für den Betrieb einer Gastwirtschaft erteilt wird und wäre dem A schon zur Zeit des Kaufabschlusses bekannt gewesen, daß ihm diese Konzession für das Anwesen niemals erteilt wird, so könnte B, wenn er das Anwesen, das inzwischen im Werte gestiegen ist, behalten will, das volle Erfüllungsinteresse verlangen.

Daß der Getäuschte neben dem durch die Täuschung erlittenen auch den sog. **mittelbaren Schaden** ersetzt verlangen kann, er wird z. B. infolge des verschwiegenen, schon beim Kaufabschluß vorhandenen Mangels, Baufälligkeit einer Treppe, körperlich verletzt, unterliegt, wenn der Tatbestand des § 823 Abs. I BGB. gegeben ist, keinem Zweifel.

Bereits in anderem Zusammenhang ist erwähnt, daß ein derartiger Schadensersatzanspruch auch **neben der Wandlung** geltend gemacht werden kann, denn er hat ja nicht seine rechtliche Grundlage im Vertrag.

Wird die arglistige Täuschung durch den oder die **Vertreter** einer **juristischen Person, Aktiengesellschaft, Genossenschaft, Gesellschaft mit beschränkter Haftung** verübt, so kann der Schadensersatzanspruch auf Grund unerlaubter Handlung auch gegen die genannten juristischen Personen geltend gemacht werden (§ 31 BGB.). Entscheidend ist aber hierbei, daß die Vertreter in dem ihnen **zugewiesenen Geschäftskreis** gehandelt haben. Für den **Umfang dieses Geschäftskreises** ist die **Verkehrsauffassung** maßgebend. Es ist hiebei gleichgültig, ob die vorgenommene Handlung dem Vertreter nach seinem Anstellungsvertrag oder seinen Dienstesweisungen im Verhältnis zur juristischen Person erlaubt oder verboten war, es sei denn, daß der Getäuschte die Einschränkung kannte oder kennen mußte (RG. 86, 87; 94, 318). Die Tatsache allein, daß der Vertreter in widerrechtlicher Absicht gehandelt hat, läßt seine Handlungsweise daher noch nicht aus dem Rahmen der ihm zustehenden Verrichtungen fallen (RG. 57, 94). Auch hier können sich in gleicher Weise wie bei der Anfechtung die juristischen Personen nicht darauf berufen, daß sich nicht **alle** Vertreter an der Täuschung beteiligt und nicht alle davon gewußt haben (LZ. 1913, 140).

Diese Grundsätze kommen zur entsprechenden Anwendung, wenn die Täuschung durch den oder die **Vertreter** einer **offenen Handelsgesellschaft** oder Kommanditgesellschaft verübt worden ist. Denn wenn auch diese Gesellschaften nicht als juristische Personen zu betrachten sind, so wendet doch die Rechtsprechung die Grundsätze des § 31 BGB. auf sie entsprechend an.

Ist die arglistige Täuschung nicht durch den Vertragsgegner selbst, sondern durch einen beim Vertragsabschluß mitwirkenden **Dritten** verübt und will der Getäuschte die Rechte aus §§ 823, 826 BGB. geltend machen, so ist zu unterscheiden zwischen Haftung des **Vertragsgegners** selbst und der des **Dritten**.

Der Vertragsgegner haftet selbstverständlich dann nicht, wenn der Dritte die arglistige Täuschung verübt hat, ohne in irgendwelchen rechtlichen Beziehungen zu den Vertragsteilen zu stehen und der Vertragsgegner an der vom Dritten verübten Täuschung sich in keiner Weise beteiligt hat. Er weiß z. B. gar nichts von der Beeinflussung des Willens seines Vertragsgegners durch den Dritten[1]).

Im übrigen ist, und zwar ohne Rücksicht darauf, ob der Dritte ohne Vollmacht z. B. als **Hypothekgläubiger, Baukapitalist, Unterhändler, Makler** usw. oder mit Vollmacht gehandelt hat, zu unterscheiden; ob sich der Vertragsgegner an der arglistigen Täuschung durch den Dritten beteiligt hat oder nicht. Im ersteren Falle haftet er auf Grund e i g e n e n zum Schadensersatz verpflichtenden unerlaubten Handelns. Im letzten Fall nur nach Maßgabe des § 831 BGB., also mit dem Entlastungsbeweis. Hiezu ist besonders zu betonen, daß für diese Haftung aber nicht die Erteilung einer Vollmacht allein genügt, sondern daß, was regelmäßig der Fall sein wird, der Bevollmächtigte zu gleicher Zeit **verpflichtet** wird (§ 675 BGB.) die Veräußerungsverhandlungen durchzuführen oder doch vorzubereiten. Denn auf dem Gebiet der **unerlaubten Handlung** haftet der **Vertretene** abgesehen von der auf besonderem gesetzgeberischen Gedanken beruhenden Haftung der juristischen Personen für ihre Vertreter (§§ 31, 89 BGB.) im allgemeinen für die unerlaubten Handlungen seiner gewillkürten oder gesetzlichen Vertreter **nicht** (RG. 61, 207; 62, 349; 67, 153; JW. 1910, 280). Daraus ergibt sich, daß im Falle der **gesetzlichen** Vertretung der **Mündel** für den von seinem gesetzlichen Vertreter bei Vertragsabschluß verübten Betrug **außervertraglich** nicht für Schadensersatz haftbar gemacht werden kann. Denn der gesetzliche Vertreter kann nicht eine unerlaubte Handlung in Vertretung des

---

[1]) Bezüglich der Berechnung des Schadens, wenn der Verkäufer eines Grundstücks durch unwahre Angaben des Mäklers über die Vermögensverhältnisse des Käufers und den Wert der in Zahlung gegebenen Hypotheken getäuscht wird, s. W a r n e y e r 1915, 275.

Mündels verüben und kann auch nicht als vom Mündel zu einer Verrichtung bestellt (§ 831 BGB.) betrachtet werden.

Der Geschädigte kann sich in diesem Fall und wenn bei **gewillkürter** Vertretung der Entlastungsbeweis nach § 31 BGB. geführt ist, nur an den **Vertreter allein** halten, während er bei bewußtem Zusammenwirken des Vertretenen und Vertreters oder wenn der Entlastungsbeweis nicht geführt oder endlich der Vertretene nach §§ 31, 89 BGB. haftet, beide zusammen oder jeden allein belangen kann. Die Rechtsbeziehungen zwischen dem Vertragsgegner und dem Dritten beurteilen sich im letzteren Fall nach §§ 426, 830, 840 Abs. II BGB.

Die Schadensersatzpflicht des **Dritten** ist ohne Rücksicht darauf, ob der Vertrag angefochten oder bestätigt worden ist, gegeben (RG. 79, 194; 84, 131; LZ. 1917, 460). Die arglistige Täuschung des Dritten kann auch darin bestehen, daß er sich nur passiv verhält und im bewußten Einvernehmen mit dem positiv Täuschenden z. B. **die Ehefrau handelt im Einvernehmen mit dem Ehemann,** den Vertragsgegner geneigt macht (Kollusion; JW. 12, 284).

Der hier in Rede stehende außervertragliche Schadensersatzanspruch **verjährt** in 3 Jahren von dem Zeitpunkt an, in welchem der Getäuschte von dem Schaden und der Person des Täuschenden Kenntnis erlangt hat (§ 852 BGB.). Nach der ständigen Rechtsprechung des Reichsgerichts ist Kenntnis des Schadens die Kenntnis der schädlichen Folgen des Betrugs im allgemeinen. Der gesamte aus dem Betrug entstammende Schaden stellt eine Einheit dar und erscheint nicht als eine Summe einzelner, selbständiger unzusammenhängender Schäden. Die Ungewißheit über die **Höhe** und den **Umfang** des Schadens schließt deshalb den Beginn der Verjährung nicht aus. Alle Folgezustände, die in dem Zeitpunkt der Erlangung der Kenntnis von dem Schaden überhaupt als möglich vorauszusehen waren, gelten durch die allgemeine Kenntnis des Schadens als dem Getäuschten bekannt geworden (Warneyer 1913 Nr. 443). Der getäuschte Käufer, dem z. B. erst nach Ablauf der Verjährungsfrist von der Finanzbehörde die Besitzveränderungsabgaben abverlangt werden, kann diese also ohne die Verjährungseinrede befürchten zu müssen, nicht von dem Verkäufer ersetzt verlangen. Es empfiehlt sich daher, wenn mit der Möglichkeit zu rechnen ist, daß später noch weitere Schadensposten sich herausstellen, mit der **Leistungsklage** die **Feststellungsklage** (§ 256 ZPO.) **zu verbinden.**

Bringt derjenige, der den Betrug oder die arglistige Täuschung nach § 826 BGB. verübt hat, die Verjährungseinrede, so kann der Getäuschte von der Schadensersatzklage zur Bereicherungsklage (§§ 812 ff. BGB. übergehen. Hierin liegt nicht eine unzulässige Klagsänderung nach § 268 ZPO., denn die Klagsänderung wurde ja gerade wegen des Verteidigungsvorbringens des Beklagten vorgenommen (RG. 71, 358). —

Der Käufer muß daher in diesem Fall das Verlangen nach Ersatz des aus Anlaß des Kaufgeschäftes aufgewandten Auslagen, z. B. Spesen, Reisekosten, Steuern usw. aufgeben, kann aber vom Verkäufer den Mehrwert, den er durch das Kaufgeschäft erhalten hat, z. B. Überpreis, als ungerechtfertigte Bereicherung verlangen.

Nach Ablauf der Verjährung kann der Getäuschte, wenn der Täuschende Ansprüche gegen ihn erhebt, die Erfüllung verweigern, wobei er jedoch die etwa an ihn gemachten Leistungen zurückgeben muß.

Auch die außervertraglichen Schadensersatzansprüche nach §§ 823 II, 826 BGB. können durch **vorbehaltlose Entgegennahme** der Auflassung des Grundstücks in Kenntnis des Mangels oder des Fehlens der vorgetäuschten Eigenschaft oder des Umstandes verwirkt werden. Allerdings nicht nach § 464 BGB., sondern auf Grund allgemeiner Rechtsgrundsätze über die Verwirkung[1]). Es würde von dem treugläubigen Verkehr nicht verstanden, wenn der Käufer das Grundstück in Kenntnis des Mangels oder des Fehlens der Eigenschaft oder des Umstandes entgegennehmen würde mit dem geheimen Vorbehalt, es nachher wieder zurückzugeben. Es wird also in diesem Fall regelmäßig eine Verwirkung des Aufhebungsanspruchs anzunehmen sein. Dagegen wird in der vorbehaltlosen Annahme eine Verwirkung des Preisherabsetzungsanspruchs nicht unter allen Umständen enthalten sein. Es ist dieser Fall anders gelagert, als der erstere. Es ist denkbar und würde auch vom Verkehr verstanden werden, daß der Käufer das Grundstück zwar entgegennehmen, aber sich seine übrigen Rechte gegen den Verkäufer, über die er sich nicht klar ist, vorbehalten will und auch dementsprechende Schritte, z. B. Erkundigung bei einem Rechtsanwalt unternimmt (RG. 59, 104; JW. 1911, 756; 1915, 445, und Iherings Jahrb. 67, 211).

Der **Gerichtsstand** ist sowohl der allgemeine, als auch der besondere nach § 32 ZPO.

Wenn der Anspruch **gleichzeitig** auf Anfechtung und unerlaubte Handlung gestützt wird, so kann aber nur im allgemeinen Gerichtsstand geklagt werden. Würde im besonderen Gerichtsstand nach § 32 ZPO. geklagt und der Einwand gebracht, daß das Gericht für den Anfechtungsprozeß unzuständig ist, so müßte das Gericht Urteil erlassen:

„Der Einwand der Unzuständigkeit wird verworfen, so weit der Klagsanspruch auf unerlaubte Handlung gestützt ist. Dagegen bezüglich des Anfechtungsanspruchs als begründet erklärt."

Dieses Urteil muß als **Zwischenurteil** bezeichnet werden. Es ist selbständig nicht anfechtbar, da es ein gewöhnliches Zwischen-

---

[1]) Die Annahme der Praxis, daß hier ein Verzicht vorliegt, dürfte bedenklich sein. Richtiger ist von „Verwirkung" zu sprechen. Siehe Höniger in DJZ. 1922, 143.

urteil ist (§ 303 ZPO.). Es erledigt nur einen Teil des Klagegrundes, nicht des Klageanspruchs.

Wenn aber **neben** der Anfechtung noch **selbständige**, mit der Anfechtung nicht durchsetzbare Schadensersatzansprüche, z. B. Vertragskosten, geltend gemacht werden, dann hat das Gericht in diesem Fall ein Urteil zu erlassen, das doppelten Charakter hat. Es ist anfechtbares Teilzwischenurteil bezüglich des auf unerlaubte Handlung gestützten Unzuständigkeitseinwands (§ 275 II ZPO.) und unanfechtbares Teilzwischenurteil (§ 303 ZPO.) bezüglich der Bejahung der Unzuständigkeit für den Anfechtungsanspruch (RG. 50, 278; 73, 162).

Hat der Käufer in einem Vorprozeß Klage auf Grund arglistiger Täuschung, sei es auf Wandelung, Minderung oder Schadensersatz wegen Nichterfüllung erhoben und ist er mit dieser Klage rechtskräftig abgewiesen, so steht die Rechtskraft dieses Urteils einer späteren Deliktsklage wegen Betrugs (§ 823 II BGB.; § 263 StGB.) nicht im Wege. Denn die Tatsachen, die im Vorprozeß festgestellt worden sind, unterliegen nicht der Rechtskraft (RG. 94, 198; Hellwig, System des Zivilprozesses, S. 231).

VI.

Arglistige Täuschung bei der Erfüllung.

Die arglistige Täuschung wird unter Umständen erst **nach Abschluß des Kaufvertrags**, aber noch **vor dem Übergang der Gefahr**[1]) auf den Käufer verübt. Das verkaufte Anwesen hat z. B. nach dem Abschluß des Kaufvertrags durch Brand, oder sonstige Naturereignisse erheblichen Schaden gelitten oder es ist die einen wesentlichen Bestandteil des Kaufvertrags bildende Wirtschaftskonzession durch Verschulden des Verkäufers entzogen worden und der Verkäufer verschweigt zur Zeit der Übergabe oder der etwa früher erfolgten Eintragung in das Grundbuch diese Umstände. Der Käufer leistet den Gegenwert.

Die Rechtslage ist hier im wesentlichen folgende:

Der Käufer hätte bei unverschuldeter Verschlechterung im Falle der Kenntnis der Sachlage die Abnahme der gekauften Sache ablehnen und Zahlung verweigern (§ 320 BGB.), oder wenn die Mängel nicht beseitigt werden können und dadurch der Vertragszweck derart vereitelt wird, daß deshalb die Grundsätze von der teilweisen Unmöglichkeit Platz greifen müssen, unter Ablehnung der Annahme den Kaufvertrag wandeln oder den Kaufpreis mindern können (RG. 55, 210 ff.; 66, 333; ROLG. 18 S. 43).

Das Reichsgericht, das zwar grundsätzlich an seinem Standpunkt festhält, daß der Wandlungsanspruch erst nach erfolgter

---

[1]) Übergabe begr. Eintragung in das Grundbuch § 446 BGB.

Übergabe geltend gemacht werden kann, hat wenigstens für den Fall, daß es sich um einen nicht zu beseitigenden Mangel handelt, die Wandlung vor der Übergabe zugelassen (RGRKomm. Anm. 7 § 320, Anm. 4 § 459 BGB. und Enneccerus § 345 Anm. 4; siehe auch oben Ziff. IV).

Die Grundsätze über teilweise Unmöglichkeit, die nach der herrschenden Ansicht neben den Gewährschaftsgrundsätzen zur Anwendung kommen können, haben in diesem Falle der unverschuldeten Unmöglichkeit regelmäßig keine praktische Bedeutung, da der Käufer nach ihnen überhaupt keinen Anspruch hat, es müßte denn sein, daß der Verkäufer einen Entschädigungsanspruch gegen Dritte hat und dessen Abtretung vom Käufer begehrt wird (§ 323 BGB.).

Hat dagegen der Verkäufer die nach dem Kaufabschluß eingetretenen, die Verschlechterung oder wirtschaftliche Beeinträchtigung des Grundstücks bewirkenden Tatsachen **schuldhaft** herbeigeführt (§§ 276, 278 BGB.), und hätte der Käufer davon Kenntnis gehabt und die Entgegennahme der Auflassung verweigert, so hätte er, weil hier die Zeit vor dem Übergang der Gefahr in Frage kommt, wenn man die Wandelung nicht zulassen will und die Verschlechterung und wirtschaftliche Beeinträchtigung nicht zu beheben ist, nach den Vorschriften über die nachträgliche Unmöglichkeit auch die Gewährschaftsansprüche, nämlich Rücktritt, Minderung und Schadensersatz wegen Nichterfüllung geltend machen können (Staudinger, BGB. Vorbem. 6 zu § 459).

Nach erfolgter Übergabe ist ohne Rücksicht darauf, ob es sich um verschuldete oder unverschuldete mangelhafte Erfüllung handelt, wegen der **bei der Erfüllung** verübten Arglist der Weg der Anfechtung denkbar (§ 123 BGB.). Allerdings könnte mit diesem Rechtsbehelf nicht die Nichtigkeit des Grundgeschäftes (Kauf- oder Tauschvertrag) herbeigeführt werden. Denn die Arglist ist nicht ursächlich für den Abschluß des Kausalgeschäfts gewesen. Die Anfechtung könnte sich vielmehr unter der Voraussetzung, daß der ursächliche Zusammenhang des Erfüllungsgeschäftes mit der arglistigen Täuschung nachgewiesen ist, nur gegen das Erfüllungsgeschäft richten. Die Rechtsprechung des Reichsgerichts steht wohl diesem Satz nicht im Wege. Denn die Entscheidung (70, 423) verneint die Möglichkeit der Anfechtung wegen arglistiger Täuschung gegenüber dem Erfüllungsgeschäft nur für den Fall, daß es sich um einen Gattungskauf handelt, der im Immobilienverkehr nicht denkbar ist (siehe hiezu JW. 1912, 340; 1909, 268; RG. 70, 427; a. M. Arch. f. bürg. R. Bd. 39 S. 2).

Die Anfechtung des Erfüllungsgeschäfts hat jedoch keinen praktischen Wert, denn sie läßt den Bestand des kausalen Kaufvertrags unberührt und kann daher die Rückzahlungspflicht des Verkäufers bezüglich des Kaufpreises nicht begründen. Hiezu bedürfte es der Anfechtung des Kaufvertrags (siehe hiezu das oben S. 14, 43 ff. Ausgeführte). —

Auch der vertragsmäßige Schadensersatzanspruch nach § 463 BGB. steht nicht zur Verfügung. Es genügt, wiederholend kurz darauf hinzuweisen, daß er nur dann geltend gemacht werden kann, wenn die arglistige Täuschung hinsichtlich eines schon zur Zeit des Vertragsschlusses vorhandenen Mangels verübt worden ist.

Der Käufer kann daher in diesem Falle zunächst den **Wandelungs- oder Minderungsanspruch** erheben. Nur dann wird er auch den vertragsmäßigen Schadensersatzanspruch nach § 463 BGB. geltend machen können, wenn der Verkäufer, was wohl selten vorkommen wird, noch bei der Auflassung eine besondere Garantie übernimmt. — Entschließt sich der Käufer den Kaufvertrag im Wege der Wandelung rückgängig zu machen, so haben die Vorschriften über teilweise Unmöglichkeit für ihn kaum praktische Bedeutung. Bei unverschuldeter Verschlechterung kommt das bereits oben Ausgeführte in Betracht. Bei verschuldeter Verschlechterung deshalb, weil er zwar auch nach ihnen vom Vertrag loskommen kann, aber nur unter der erschwerten Bedingung des Nachweises, daß er ein Interesse an der Übereignung des Grundstücks in dem derzeitigen Zustand oder unter den derzeitigen Verhältnissen nicht hat. — Er kann jedoch ohne Wandelung oder gleichzeitig mit einem dieser Rechtsbehelfe **Schadensersatz auf Grund der allgemeinen Vorschriften** (§§ 249 ff. BGB.) verlangen.

Bei **unverschuldeter** Herbeiführung des Mangels hat dieser Schadensersatzanspruch seine Grundlage in dem Verschweigen bei der Vertragserfüllung. Dieses bildet eine Verletzung der durch den Vertrag nach Treu und Glauben begründeten Offenbarungspflicht (positive Vertragsverletzung). Der Schadensersatzanspruch geht nur auf den durch dieses Verschweigen speziell entstandenen Schaden z. B. Unterlassung von bei Kenntnis des Mangels gebotenen Maßnahmen und dadurch herbeigeführter Schaden. Es ist also nicht gleichbedeutend mit dem Erfüllungsinteresse (Oertmann, Ehrenberg, Hdb. des HR. Bd. IV Abt. 2 S. 450, 485).

Bei **verschuldeter** Herbeiführung des Mangels ist die Grundlage des Schadensersatzanspruchs in erster Linie die Verletzung der durch den Vertrag begründeten Sorgfaltspflicht und daneben das Verschweigen bei der Vertragserfüllung (positive Vertragsverletzung).

Die Ansichten über die Konstruktion des auf der zu vertretenden Herbeiführung des Mangels beruhenden Schadensersatzanspruchs sind geteilt. Die Anhänger der Theorie der Anwendung der Grundsätze über die teilweise Unmöglichkeit stützen ihn auf diese speziellen Vorschriften, während eine weitverbreitete Ansicht die Grundlage in den allgemeinen Vorschriften (§§ 276, 278, 280 BGB.) erblickt (Enneccerus § 335 Abs. I S. 2 und Oertmann

a. a. O. S. 449; Komm. d. RGR. Anm. 4 § 325 BGB.). Praktische Bedeutung hat dieser Meinungsstreit nicht, weil, wie auch Oertmann zutreffend hinweist, beide Ansichten im wesentlichen auf das gleiche Ergebnis hinauslaufen.

Das Ziel **dieses vertragsmäßigen Schadensersatzanspruchs** ist Herstellung der wirtschaftlichen Lage, in der der Käufer gewesen wäre, wenn mangelfrei erfüllt worden wäre. Der Käufer kann daher Schadensersatz nach Maßgabe der eingetretenen Entwertung, also Schadensersatz wegen teilweiser Nichterfüllung verlangen. Wenn man (siehe Oertmann a. a. O.) bei mangelndem Interesse an dem Empfang des mangelhaften Grundstücks dem Käufer Ersatz wegen gänzlicher Nichterfüllung zuspricht, so kann man unter Umständen zu dem gleichen Ergebnis kommen, wie im Fall des § 463 BGB. Zu beachten ist aber, daß dieser Schadensersatzanspruch der kurzen Verjährungsfrist des § 477 BGB. unterliegt.

Neben der Wandlung stehen auch die Ansprüche aus §§ 823, 826 BGB unter der Voraussetzung zur Verfügung, daß die gesetzlichen Erfordernisse gegeben sind. Daß auch durch das **Erfüllungsgeschäft** ein Betrug (§ 263 StGB.) verübt werden kann, ist in der strafrechtlichen Praxis und Literatur anerkannt (Olshausen Anm. 22 § 263; Oppenhoff Anm. 15 § 263; GoltdArch. 47, 283; 50, 392). Die Tatbestandsmerkmale werden in den hier einschlägigen Fällen nicht selten gegeben sein. Durch die Annahme des mangelhaften Grundstücks in Unkenntnis des Mangels im Zusammenhalt mit der Bezahlung des Kaufpreises wird der Käufer regelmäßig geschädigt sein. Denn das Grundstück wird fast immer durch den nachträglich eingetretenen Mangel an dem Wert, welcher der Bemessung des Kaufpreises zugrunde gelegt worden ist, eingebüßt haben und nicht mehr einen dem Kaufpreis entsprechenden Verkehrswert haben.

Ursächlich für diese Vermögensbeschädigung ist dann das arglistige Verschweigen gewesen. Dieses Verschweigen kann unter doppeltem Gesichtspunkt **rechtswidrig** im Sinne des § 263 StGB. sein. Es kann ohne weiteres als schuldhafte Verletzung einer Erfüllungsschuld erachtet werden, weil sich auf Grund des Vertrags nach § 242 BGB. als Nebenverpflichtung eine allgemeine Aufklärungspflicht ergibt, deren Grenze durch die Grundsätze von Treu und Glauben im Verkehr gezogen wird (LZ. 1914, 513). Jedenfalls ist es dann rechtswidrig, wenn es mit täuschenden Maßnahmen oder Äußerungen, die auf Verdeckung des Mangels hinzielen, verbunden ist. Der Schadensersatzanspruch kann auch hier niemals zur schuldrechtlichen Aufhebung des **Grundgeschäfts** führen, sondern nur das **Leistungsgeschäft schuldrechtlich** aufheben und den Ersatz der durch die bei letzterem Geschäft verübte Täuschung veranlaßten Vermögensaufwendungen vermitteln. Insoweit es sich bei den letzteren um die Auflassungskosten und sonstige mit dem Vertrag verbundenen Auslagen handelt, könnte das gleiche

Ziel auch auf dem Weg der **Wandelung** herbeigeführt werden, da diese auf Grund der Rückgängigmachung des Leistungsgeschäfts auch die schuldrechtliche Verpflichtung zum Ersatz der Kosten des Grundgeschäftes und der Auflassung begründet (§§ 462, 467 S. 1; Enneccerus, Bürg. Recht § 333 Abs. II S. 3).

Es ist denkbar, daß der Käufer aus Anlaß der vor oder bei der Auflassung verübten arglistigen Täuschung weitere Vermögensaufwendungen gemacht hat. Er hat in dem Glauben, nach der Auflassung sofort mit dem Geschäftsbetrieb beginnen zu können, **Personal eingestellt, Lebensmittel angeschafft, Ausgaben für Reklame gemacht, Umzugskosten gehabt** usw. Ersatz dieser Aufwendungen kann er nicht im Rahmen der Wandlung verlangen. Er muß hier, wenn der Mangel nicht durch ein Verschulden des Verkäufers entstanden ist, der Verkäufer also auf Grund des **Vertrags** einzustehen hat, den Weg der §§ 249, 823, 826 BGB. beschreiten (negatives Vertragsinteresse). Die Rechte aus §§ 823, 826 BGB. können an Stelle oder neben den Gewährleistungsansprüchen geltend gemacht werden (Warneyer 08, 211).

Ist der Mangel, der nach dem Abschluß des Grundgeschäftes entstanden ist, auf ein **Verschulden** des Verkäufers zurückzuführen (§§ 276, 278 BGB.), dann kann besonderer Schaden neben dem Anspruch auf Wandelung oder Minderung auf Grund der allgemeinen Grundsätze (§§ 276, 278, 280 BGB.) geltend gemacht werden (Enneccerus § 335 Abs. I S. 2 und die dort angegebenen RGE. und Recht 1902, 578). Dieser Schadensersatzanspruch, welcher ebenfalls der kurzen Verjährung des § 477 BGB. unterliegt, soll dem Käufer den durch die verschuldete Unmöglichkeit entstandenen Schaden ersetzen. Er geht also dahin, daß der Käufer wirtschaftlich in die Lage versetzt wird, in der er sich befunden hätte, wenn mangelfrei erfüllt worden wäre. Sachlich wird dadurch das gleiche erreicht wie in dem Falle, daß schon zur Zeit des Grundgeschäfts der Mangel, sei es verschuldet, sei es unverschuldet, eingetreten war, der Verkäufer ihn aber arglistig verschwiegen oder seine Abwesenheit betrüglich vorgetäuscht hat (Fall des § 463 BGB.). Dagegen ist für diesen Schadensersatzanspruch keine Grundlage gegeben, wenn der Mangel vor dem Gefahrübergang unverschuldet eingetreten ist.

Zusammengefaßt ergibt sich in dem hier in Frage stehenden Fall mithin folgende Rechtslage:

Der getäuschte Käufer kann

1. den **Minderungsanspruch** erheben (§§ 446, 459, 462, 465, 472ff. BGB.) oder wenn er vom Vertrag loskommen will
2. den **Wandlungsanspruch** geltend machen (§§ 457, 462, 467 BGB.) neben diesem
3. den **Anspruch auf Schadensersatz** wegen Nichterfüllung auf Grund des Vertrags (Erfüllungsinteresse §§ 276, 278, 280, BGB.),

4. den **Schadensersatzanspruch** nach §§ 823 Abs. II, 826 BGB., 263 ff. StGB. auf Rückgängigmachung des Erfüllungsgeschäftes und Ersatz derjenigen Kosten und Auslagen, die nicht unmittelbar oder mittelbar durch das Grundgeschäft veranlaßt worden sind, z. B. Reklamekosten, geltend machen.

Dagegen hat die **Anfechtung** nach § 123 BGB. hier keine praktische Bedeutung.

VII.

Der Betrug bei dem Hypothekgeschäft.

Die gesonderte Behandlung dieser Frage fällt eigentlich nicht in den Rahmen des betrügerischen Grundstücksverkehrs.

Denn das Hypothekgeschäft ist, sei es, daß es sich um einen Hypothekenkauf, einen Hypothekentausch oder um Geschäfte zum Zweck der Erfüllung oder Sicherung handelt, ein Rechtsgeschäft, das sich nur auf die Abtretung einer durch **Hypothek** gesicherten **Forderung** erstreckt. Den Gegenstand des Geschäftes bildet mithin nicht ein **Grundstück**, sondern eine Forderung bzw. ein **Recht am Grundstück**.

Da aber nach der Verkehrsauffassung auch das selbständige Hypothekgeschäft dem Bereich des sog. Immobilienverkehrs angehört und in Fachkreisen die Rechtslage bei **anormaler Abwickelung** von Hypothekgeschäften infolge **arglistiger Täuschung** ebenfalls nicht selten unrichtig beurteilt wird, soll auch der Betrug beim Hypothekgeschäft kurz rechtlich beleuchtet werden.

Grundsatz ist, daß, weil beim Hypothekgeschäft nicht eine Sache, sondern eine Forderung bzw. ein Recht den Gegenstand der Vermögensverschiebung bildet, bei der rechtlichen Beurteilung der Fälle, in denen eine arglistige Täuschung beim Hypothekgeschäft verübt worden ist, die Rechtsgrundsätze über die Gewährleistung wegen Mängel der Sache §§ 459 ff. insbesondere des § 463 BGB. ausscheiden.

Die Gewährleistung beurteilt sich vielmehr nach § 437 BGB., wo dispositiv bestimmt ist, daß sich die Haftung des Verkäufers und damit auch des Tauschgegners oder erfüllenden Schuldners §§ 515, 445, 362 II, 365 BGB. auf den **rechtlichen Bestand** der **Forderung** oder des Rechtes erstreckt. —

Es kann mithin in dem in der Praxis am häufigsten vorkommenden Fall, daß die **Einbringlichkeit und Güte einer Hypothek** oder Grundschuld bei dem Abschluß des schuldrechtlichen Vertrags (Kauf, Tausch, Erfüllungszweckgeschäft) eine Rolle gespiet hat, in dem Fall, daß die Güte und Einbringlichkeit ausdrücklich betont worden ist, ein **vertragsmäßiger** auf das **positive Erfüllungsinteresse** (Schadensersatz wegen Nichterfüllung) abzielender **Anspruch** (Gewährleistungsanspruch) nur geltend gemacht werden, wenn eine vertragsmäßige **Garantie** für die Zahlungsfähigkeit des Schuldners und die Güte der Hypothek übernommen wird, wobei, wenn die Garantie nur für die Güte der Hypothek übernommen wird, diese sich nicht auf die Zahlungsfähigkeit des **persönlichen** Schuldners erstreckt (§ 438 BGB.; ROLG. 36, 35).

Die vertragliche Zusicherung der Güte der Hypothek (**Garantie**) ist nach den früheren Ausführungen nur dann gegeben, wenn es sich nicht nur um leere Anpreisungen, sondern um ausdrücklich oder doch stillschweigend zum **Vertragsinhalt** gemachte **Zusicherungen** handelt, die Garantie mithin als ein Teil der vom Veräußerer übernommenen Verpflichtungen aufzufassen ist, der Garantierende also eine **qualifizierte Leistung** machen soll und will.

Bei dem hier rechtlich zu beurteilenden unreellen Hypothekengeschäft wird der Veräußerer aber lediglich betrügerische Anpreisungen sog. Sprüche und Redensarten machen und einem ihm etwa angesonnenen Garantieversprechen mit Ausflüchten aus dem Wege gehen oder die Wertlosigkeit verschweigen.

Eine **vertragsmäßige Haftung** wird mithin ausscheiden, vielmehr lediglich die **Anfechtung** wegen arglistiger Täuschung oder die Haftung auf Grund **unerlaubter Handlung** in Frage kommen (§§ 123, 124, 142, 143, 812, 818, 823 Abs. II, 826 BGB.; § 263 RStGB.).

Die **tatsächlichen Grundlagen** dieser Rechtsbehelfe (arglistige Täuschung bzw. Betrug)[1] bedürfen bei dem Hypothekgeschäft einer besonderen Betrachtung.

Die Erklärung, daß die Hypothek gut ist, kann in dem Sinne gemeint sein, daß die Hypothek durch den **Wert des Grundstücks** nebst **mithaftenden Gegenständen** (§§ 1113, 1120, 1123, 1126, 1127 BGB.) gedeckt ist, wobei als Wert nicht der **Sach**- oder verkehrsüblich von Schätzern zum Teil auf Grund einseitiger Angaben einer Partei errechnete **Schätzungswert**, sondern der sich nach der Konjunktur richtende **Verkehrs**- bzw. **Verkaufswert** zu berücksichtigen ist. Dies wird auch regelmäßig die Auffassung der Geschäftsbeteiligten sein (Seuff. Arch. 68, 267; ROLG. 36, 35).

Sie kann aber auch in dem weiteren Sinne gewollt sein und abgegeben werden, daß der **Grundstückswert im Zusammenhalt mit außerhalb diesem liegenden Umständen**, welche für die Befriedigung Bedeutung haben können (Mietserträgnisse, Verhältnisse des persönlichen Schuldners oder der Mieter), als Grundlagen der Güte der Hypothek gemeint sind.

Solche Erklärungen bilden dann **nicht** den Tatbestand einer **arglistigen Vorspiegelung**, wenn sie sich als Ausdruck einer auf unrichtiger Beurteilung der tatsächlichen Verhältnisse beruhenden **Wertschätzung** (subjektive Auffassung) darstellen ohne Rücksicht darauf, ob diese unrichtige Wertschätzung entschuldbar oder unentschuldbar ist.

---

[1] Siehe S. 7 ff.

Dagegen ist die falsche Vorspiegelung dann gegeben, wenn der Erklärende die Wertlosigkeit oder Minderwertigkeit der Hypothek in dem vorstehend erörterten Sinn kennt, also weiß, daß sie nicht durch den Grundstückswert gedeckt ist und der etwaige Ausfall auch nicht oder nicht völlig durch den Wert der mithaftenden Gegenstände oder von dem persönlichen Schuldner gedeckt werden wird bzw. kann und trotzdem die Güte der Hypothek als **Tatsache**, nicht als **Werturteil** aufstellt.

Das gleiche ist anzunehmen, wenn der Erklärende mit der **Möglichkeit** der **Unrichtigkeit** seines **Werturteils**, also mit der Unsicherheit der Hypothek rechnet und trotzdem die Hypothek als **sicher** bezeichnet.

Ein **arglistiges Verschweigen** des Veräußerers setzt voraus, daß der Erklärende die Wertlosigkeit oder Minderwertigkeit der Hypothek kennt oder doch damit rechnet und im Bewußtsein, daß der Erwerber die Wertlosigkeit bzw. Minderwertigkeit (Verkehrswert des Grundstücks, der mithaftenden Gegenstände, Verhältnisse des Schuldners usw.) nicht kennt, bei Kenntnis aber ausschlaggebendes Gewicht darauf legen würde, die ihm **bekannten Umstände** dem Erwerber nicht bekannt gibt.

Die **Offenbarungspflicht** besteht mithin grundsätzlich nur bei **Kenntnis** der **Wertlosigkeit** oder der auf **besonderen Gründen** beruhenden **Unsicherheit**, nicht dagegen bei der Auffassung, daß aus **allgemeinen wirtschaftlichen Gründen** die Hypothek wertlos oder minderwertig ist oder doch sein kann (s. JW. 1921, 680).

Der getäuschte Erwerber kann mithin das der Hypothekübertragung (§§ 398, 1153, 1154 BGB.) zugrunde liegende Geschäft (Kausalgeschäft) z. B. Kauf, Tausch, Erfüllungszweckgeschäft (§§ 433, 515, 364 I BGB.), nach den früher erörterten Grundsätzen wegen **arglistiger Täuschung anfechten** mit der Folge, daß er nach Bereicherungsgrundsätzen (§§ 812, 818 BGB.) die gemachten Leistungen zurückfordern kann, aber auch die Hypothek auf den Veräußerer nach den materiell- und grundbuchrechtlichen Vorschriften zurückübertragen, eventuell, wenn die Anfechtung auch das Leistungsgeschäft ergreift, die Zustimmung zur Grundbuchberichtigung erteilen muß[1]).

Daneben kann er den ihm etwa entstandenen Schaden, z. B. Gewinnentgang nach Maßgabe der §§ 249, 823 II, 826 BGB.; § 263 BGB., geltend machen.

Er kann aber auch das Hypothekgeschäft ohne es anzufechten unter dem Gesichtspunkt des Schadensersatzes nach diesen gesetzlichen Bestimmungen schuldrechtlich zur Aufhebung bringen, daß er den Betrüger zwingt, von der durch die arglistige Täuschung

[1]) Die in der Praxis häufig gewählte Ausdrucksweise, daß die „**Hypothekabtretung**" angefochten wird, ist im Munde des Juristen verfehlt. Denn sie berücksichtigt nicht, daß die Hypothekabtretung **abstrakt** ist, die Anfechtung sich mithin in erster Linie gegen das **Kausalgeschäft** zu richten hat.

herbeigeführten Willenserklärung keinen Gebrauch zu machen (RG. 84, 131) oder endlich beim Hypothekengeschäft stehen bleiben und ebenfalls unter dem Gesichtspunkt des Schadensersatzes Ersatz desjenigen Betrags verlangen, den er aus seinem Vermögen in Gestalt von zu hohen Leistungen oder Ausgaben aufgewandt hat, vorausgesetzt, daß er den **Nachweis** führt, daß der Vertragsgegner die Hypothek auch bei geringeren Leistungen **übertragen hätte** (RG. 83, 242; 92, 295; Seuff. Arch. 76 Nr. 179)[1].

Aus dem Erörterten ergibt sich daher die in der Praxis ebenfalls nicht selten verkannte Rechtslage, daß **abgesehen** von einer trotz Kenntnis der Wertlosigkeit bzw. Minderwertigkeit der Hypothek abgegebenen **Garantie** bei **arglistiger Täuschung** bezüglich der **Güte einer Hypothek grundsätzlich niemals das positive Erfüllungsinteresse** verlangt werden kann.

Der Erwerber kann mithin niemals den Betrag verlangen, den er beim Weiterverkauf der Hypothek verdient hätte.

Dagegen kann er geltend machen, daß er den für die Hypothek hingegebenen Wert, z. B. das Geld, anderweitig verwendet und damit **Gewinn** erzielt hätte (§§ 249, 251 BGB.).

Da es sich im Falle der Deliktshaftung um einen Schadensersatzanspruch handelt, ist selbstverständlich, daß der getäuschte Erwerber einer Hypothek in dem Fall **keinen** Schadensersatzanspruch geltend machen kann, in dem ihm die Hypothek nicht an **Zahlungs Statt**, sondern **zahlungshalber** abgetreten worden ist.

Bei der arglistigen Täuschung durch **Dritte** sind die bereits früher in anderem Zusammenhang erörterten Rechtsgrundsätze zu beachten, wonach, wenn ein **Vertreter** und **Beauftragter** die arglistige Täuschung verübt hat, der Erwerber der Hypothek gegenüber dem **Vertretenen** oder **Geschäftsherrn** auch dann anfechten kann, wenn dieser keine Kenntnis gehabt hat, während, wenn der Täuschende **nicht Vertreter im Willen** war, sondern nur **vermittelnde** oder **vorbereitende** Dienste geleistet hat (Unterhändler usw.), das Hypothekgeschäft aber von dem Hypothekgläubiger selbst abgeschlossen worden ist, dieses, wenn der Gläubiger **keine Kenntnis** von der arglistigen Täuschung gehabt hat, nicht anfechtbar ist, der Erwerber vielmehr auf seinen **Schadensersatzanspruch** gegen den **Dritten** nach §§ 823 II, 826 BGB.; § 263 RStGB. angewiesen ist und einen Schadensersatzanspruch gegen den **Hypothekgläubiger** selbst nur in den Grenzen des § 831 BGB. geltend machen kann[2].

---

[1] Siehe S. 89 ff.
[2] Siehe S. 22 ff., 84 ff., 93 ff.

VIII.

Steuerrechtliche Fragen.

Einer besonderen Erörterung soll die Frage unterzogen werden, welche Bewandtnis es bei der Anfechtung und der Wandelung eines betrügerisch herbeigeführten Grundstücksgeschäftes oder des auf Grund eines solchen Geschäftes geltend gemachten Schadensersatz- oder Minderungsanspruchs mit der Erstattung und sonstigen Behandlung der aus Anlaß des Grundstücksgeschäfts angefallenen öffentlichen Abgaben (**Wertzuwachs- und Grunderwerbssteuer**) hat. S. das Wertzuwachssteuergesetz vom $\frac{\text{14. Februar 1911}}{\text{3. Juli 1913}}$ bzw. die auf Grund des Landessteuergesetzes und der Vollzugsgesetze erlassenen gemeindlichen Zuwachssteuerordnungen [1]) und das Grunderwerbsteuergesetz vom 12. September 1919.

Diese Frage ist unter doppelten Gesichtspunkten zu betrachten, nämlich

1. im **Verhältnis zur Steuerbehörde**,
2. im **Verhältnis der Vertragsteile untereinander**.

A. Die Grunderwerbsteuer.

Das Grunderwerbsteuergesetz besteuert grundsätzlich den **Eigentumswechsel** an Grundstücken, zieht jedoch, wenn der Eigentumswechsel sich verzögert, auch **schuldrechtliche Geschäfte** heran (§§ 1, 5 Grunderwerbsteuergesetz).

Die Frage, ob der Eigentumswechsel oder das schuldrechtliche Geschäft besteuert werden soll bzw. besteuert worden ist, spielt auch bei der Frage eine Rolle, ob bei Vertragsabwicklungsstörungen die Steuerstelle die Grunderwerbssteuer zu **erlassen** oder zu **erstatten** oder zu **ermäßigen** hat.

Die Steuerstelle hat die Steuer auf Antrag zu erlassen oder zu erstatten:

a) im Falle der Steuerpflicht nach § 1 (Erhebung der Steuer auf Grund des **Eigentumsübergangs**)

1. bei Nichtigkeit der Auflassung oder des sonstigen den Eigentumserwerb begründenden Rechtsvorgangs,
2. bei Rückerwerb des Eigentums infolge Nichterfüllung der Vertragsbedingungen des Veräußerungsgeschäftes,
3. bei Rückerwerb des Eigentums innerhalb zwei Jahren seit der Veräußerung,
4. bei Preisminderung nach §§ 459, 460 BGB., soweit sie eine Ermäßigung der Steuer zur Folge haben würde;

---

[1]) In Bayern kommen in Betracht: Gesetz zum Vollzug des Landessteuergesetzes vom 30. VI 1921 Art. 5 und Bekanntm. der Staatsministerien der Justiz, des Innern und der Finanzen vom 17. IX. 1921. Siehe Ges.- u. VBl. 1921 S. 361 ff., 469 ff.

b) im Falle der Steuerpflicht nach § 5 (Erhebung der Steuer auf Grund des **schuldrechtlichen Geschäftes**)

1. bei Nichtigkeit des Rechtsgeschäftes,
2. bei Aufhebung des Rechtsgeschäftes durch Vereinbarung oder infolge Ausübung eines vorbehaltenen Rücktrittrechts,
3. bei Rückgängigmachung der Veräußerung infolge Nichterfüllung der Vertragsbedingungen,
4. bei Preisminderung nach §§ 459, 460 BGB., soweit sie eine Ermäßigung der Steuer zur Folge haben würde.

(siehe § 23 des Grunderwerbssteuergesetzes.)[1])

Daraus ergibt sich, daß im Falle der **Anfechtung**, der **Wandelung**, der **schuldrechtlichen Aufhebung** des Grundgeschäftes unter dem Gesichtspunkt des **Schadensersatzes** oder der **Kaufpreisminderung** grundsätzlich die Grunderwerbsteuer nicht erhoben und wenn erhoben, erlassen bzw. ermäßigt wird.

Die zivilrechtliche Frage, ob, wenn der **erfüllte Kaufvertrag** angefochten wird, die Nichtigkeit auch das **Leistungsgeschäft** (Auflassung) ergreift oder nicht[2]), ist hiebei belanglos. Denn auch wenn im einzelnen Fall die Auflassung als abstraktes Geschäft von der Anfechtung des Grundgeschäftes nicht berührt wird, mithin lediglich **schuldrechtliche Rückauflassungspflicht** besteht, ist die Steuer zu erlassen bzw. zu erstatten. In diesem Falle trifft a Ziff. 3 zu, der allerdings nur einen beschränkten Erlaß- bzw. Erstattungsanspruch gewährt.

Bei **der Wandelung** ergibt sich die Erlaß- bzw. Erstattungspflicht aus a Ziff. 2 im Zusammenhalt mit §§ 346 ff., 459, 462, 467 BGB. Denn der Ausdruck „**Vertragsbedingungen**" ist im weitesten Sinne aufzufassen, so daß darunter alle die Fälle zu bringen sind, in denen die Rückgängigmachung des Erwerbs ihren Rechtsgrund in Vertragsverletzungen hat, im Gegensatz zu den Fällen, in denen der Rücktritt auf Grund **beiderseitiger Vereinbarung** oder einer **besonderen gesetzlichen** Bestimmung erfolgt. Jedenfalls führt die Wandelung dann zum Steuerlaß und zur Steuererstattung, wenn Eigenschaften arglistig vorgespiegelt bzw. Mängel arglistig verschwiegen worden sind[1]).

Gleichgültig ist, ob die Wandelung dadurch vollzogen wird, daß der Verkäufer sich auf Verlangen des Käufers damit einverstanden erklärt, oder ob der Verkäufer sich zur Wandelung erbietet oder ob der Käufer die Wandelung verlangt, oder ob die Wandelung durch gerichtliches Urteil ausgesprochen wird.

---

[1]) b Ziff. 4 der hier nicht einschlägig ist, ist nicht wiedergegeben.

[2]) Siehe oben S. 27.

[3]) Dadurch unterscheidet sich die Grunderwerbsteuer von der früheren Umsatzstempelabgabe nach dem Reichsstempelgesetz, die im Falle der Wandelung nur aus Billigkeitsgründen erstattet wurde.

Dagegen findet ein Steuernachlaß oder eine Steuererstattung in dem Fall, daß **Schadensersatz**, sei es als vertraglicher Schadensersatzanspruch (§ 463 BGB.), sei es als außervertraglicher Schadensersatzanspruch (§§ 249, 823, 826 BGB.) geltend gemacht wird, nicht statt, es müßte denn sein, daß im letzteren Fall die schuldrechtliche Aufhebung des Grundgeschäftes durchgesetzt wird.

Antragsberechtigt ist jeder, von dem die Steuer gefordert worden ist bzw. die sie bezahlt hat[1]). Dies kann der Verkäufer oder der Käufer sein. Unter Umständen kommen beide in Frage, da die Steuerbehörde die Steuer von beiden zum Teil eingezogen haben kann.

Der Antrag muß innerhalb eines Jahres gestellt werden. — Die Frist beginnt mit dem Tage der Entrichtung oder Beitreibung der Steuer und wenn Steuererlaß bzw. Steuererstattung auf Grund von Tatsachen verlangt wird, die erst nach der Entrichtung oder Beitreibung eingetreten sind, mit dem Zeitpunkt, in dem der Antragsteller von diesen Tatsachen Kenntnis erlangt hat.

(siehe § 23 II des Grunderwerbssteuergesetzes.)

Die letztere Fristberechnung kommt insbesondere in den Fällen zur Anwendung, in denen der Kaufvertrag gewandelt oder der Kaufpreis gemindert worden ist.

Die Berechnung der Frist erfolgt nach §§ 186 ff. BGB.

Eine besondere Form ist für den Antrag nicht vorgeschrieben. Er muß schriftlich oder zu Protokoll der Steuerbehörde gestellt werden.

Gegen den Bescheid der Steuerstelle, der den Erlaß oder die Erstattung ablehnt, findet der **Einspruch** statt. Einspruchsfrist: **1 Monat**, Beginn: Zustellung des Bescheids der Steuerstelle (§§ 211 III, 230, 231 RAO.). Über ihn entscheidet das **Finanzamt** (§§ 244 RAO.)[2]).

Gegen die Einspruchsentscheidung ist die **Berufung** des Steuerpflichtigen an das Finanzgericht zulässig[3]).

Berufungsfrist: **1 Monat**, Beginn: ordnungsmäßige Zustellung der Einspruchsentscheidung (§§ 211 III, 230, 231 RAO.).

Gegen die Berufungsentscheidung ist **Rechtsbeschwerde** an den **Reichsfinanzhof** zulässig (§§ 265 ff. RAO.). Frist: **1 Monat** seit der Zustellung des Berufungsentscheids[4]).

---

[1]) Steuerschuldner sind der Erwerber und der Veräußerer unter gesamtschuldnerischer Haftung. § 20 Grunderwerbssteuergesetz.

[2]) Reichsabgabenordnung vom 13. XII. 1919 in Kraft seit 23. XII. 1919 (RGBl. 1919 S. 1993 ff.).

[3]) Das Finanzgericht ist beim Landesfinanzamt gebildet. Es besteht aus 2 Mitgliedern des Landesfinanzamtes und 3 Laienbeisitzern. RAO. §§ 14, 245 ff.

[4]) Eine Verlängerung der Frist ist unstatthaft. RAO. § 65 I S. 3.

Das Rechtsmittel (Einspruch, Berufung und Rechtsbeschwerde) ist **schriftlich** oder **telegraphisch** einzureichen oder bei der Behörde zu **Protokoll** zu erklären. Zuständig für die Einreichung bzw. die amtliche Protokollierung ist die **Geschäftsstelle der Behörde**, deren Entscheidung **angefochten** wird.

Die Anbringung bei einer Rechtsmittelbehörde oder einer Vorinstanz genügt zur Wahrung der Rechtsmittelfrist (§ 234 RAO.).

Aus dem Vorgetragenen ergibt sich, daß in Rechtsstreitigkeiten zwischen den an einem Grundstücksgeschäft Beteiligten die Grunderwerbsteuer **regelmäßig** bei der Schadensberechnung, wirtschaftlichen Ausgleichung nach der Wandelung oder der Kaufpreisminderung eine **Rolle** nicht spielt. —

Immerhin sind solche Fälle denkbar. Der **Käufer**, dem der Verkäufer beim Abschluß des Kaufvertrags einen Mangel, z. B. Hausschwamm, arglistig verschwiegen, der aber die Auflassung in Kenntnis des Hausschwamms angenommen hat, kann nur den **Kaufvertrag**, dagegen nicht die Auflassung anfechten. Wählt er die Anfechtung, so kann er, wenn er die Grunderwerbsteuer übernommen hat[1]), diese nur dann von der Steuerstelle ersetzt verlangen, wenn die Rückauflassung innerhalb einer **Frist von zwei Jahren** seit der Veräußerung stattgefunden hat[2]), während er bei der **Wandelung** des Kaufvertrags einen **unbedingten** Rückerstattungsanspruch hat[3]).

Regelmäßig hat der **Käufer** zwar in dem Fall, daß er anstatt die Wandelung zu verlangen, den Weg der Anfechtung beschritten hat, gegen den Verkäufer unter dem Gesichtspunkt des außervertraglichen Schadenersatzanspruchs[4]) wegen Erstattung der Grunderwerbsteuer einen Rückgriffsanspruch, der aber bei Mittellosigkeit des Verkäufers nur theoretische Bedeutung hat.

Bleibt der betrogene **Käufer** beim Vertrag stehen und verlangt er unter dem Gesichtspunkt der **unerlaubten Handlung** von dem unredlichen Verkäufer die Herabsetzung des Kaufpreises[5]), so kann er, wenn er die Grunderwerbsteuer übernommen hat, vom Verkäufer den Betrag ersetzt verlangen, um den die Grunderwerbsteuer **niedriger** festgesetzt worden wäre.

Endlich kann auch der **betrogene Verkäufer**, der die Grunderwerbsteuer zahlt und den Kaufvertrag angefochten hat, wenn sein Erstattungsanspruch gegenüber der Steuerstelle nicht mehr mit Er-

---

[1]) Die Grunderwerbsteuer gehört ebensowenig wie die Wertzuwachssteuer zu den Kosten des Vortrags im Sinne des § 449 BGB. Wenn mithin im Verhältnis der Vertragsteile unter sich einer diese Steuern ganz tragen soll, dann bedarf es einer besonderen vertraglichen Regelung. Siehe RGZ. S. 75, 208.

[2]) Fall a Ziff. 3.

[3]) Fall a Ziff. 2.

[4]) Siehe S 43 ff.

[5]) Siehe S. 89 ff.

folg geltend gemacht werden kann, vom Käufer die Grunderwerbsteuer unter dem Gesichtspunkt des Schadensersatzes (§ 249 BGB.) verlangen.

B. Die Wertzuwachssteuer.

Die Steuerverordnungen[1]) sehen nach dem Vorbild des § 34 des Wertzuwachssteuergesetzes den Erlaß, die Erstattung und die Ermäßigung der Wertzuwachssteuer in folgenden Fällen vor:

1. bei Nichtigkeit der Auflassung oder des sonstigen den Eigentumserwerb begründenden Rechtsvorgangs;
2. bei Rückerwerb des Eigentums infolge Nichterfüllung der Vertragsbedingungen des Veräußerungsgeschäftes;
3. bei Rückerwerb des Eigentums innerhalb 2 Jahren seit der Veräußerung zu einem Preis, der den letzten Veräußerungspreis zuzüglich der vom Erwerber gemachten Aufwendungen nicht übersteigt;
4. bei Preisminderungen nach den §§ 459, 460 BGB., soweit sie eine Ermäßigung der Steuer zur Folge haben würde.

Es kann daher im Falle der **Anfechtung**, der **Wandelung**, der **schuldrechtlichen Aufhebung** des **Grundgeschäftes** unter dem Gesichtspunkt des **Schadensersatzes** oder der Kaufpreisminderung auch **Erlaß** bzw. **Zurückzahlung** eventuell **Ermäßigung** der Wertzuwachssteuer verlangt werden.

Dieser materielle Erlaß-, Erstattungs- und Ermäßigungsanspruch steht dem Steuerpflichtigen bzw. demjenigen zu, der die Zuwachssteuer bezahlt hat[2]).

Der Erlaß-, Erstattungs- oder Ermäßigungsantrag ist an die betreffende Gemeindebehörde zu stellen.

Das Rechtsmittelverfahren richtet sich bei ablehnenden Bescheiden nach den landesgesetzlichen Bestimmungen[3]).

---

[1]) Siehe z. B. die Steuerverordnung der Stadt München vom 27. IX. 1921.

[2]) Die Entrichtung der Zuwachssteuer liegt demjenigen ob, dem das Eigentum an dem Grundstück vor dem die Steuerpflicht begründenden Rechtsvorgang zustand. Mehrere Steuerpflichtige haften als Gesamtschuldner. Kann die Steuer vom Veräußerer nicht beigetrieben werden, dann haftet der Erwerber für die Steuer bis zum Betrag von 2% des Veräußerungspreises (bürgschaftsähnliche Haftung).

[3]) In Bayern sind Streitigkeiten bezüglich der Wertzuwachssteuer sogen. **Verwaltungsrechtsstreitigkeiten.**

Gegen den ablehnenden Bescheid findet Beschwerde zur unmittelbar vorgesetzten Verwaltungsbehörde, bei unmittelbaren Städten mithin an die vorgesetzte **Kreisregierung** und bei den übrigen Gemeinden an das **Bezirksamt** statt.

Die Beschwerde ist an eine **Notfrist von 14 Tagen** gebunden.

Die Beschwerde ist schriftlich oder zu Protokoll der Gemeindebehörde einzulegen.

Gegen die Entscheidung der Beschwerdeinstanz ist die **Berufung** (richtiger **Beschwerde**) zum **Verwaltungsgerichtshof** zulässig, die auch dann **unmittelbar**

Auch die Erstattung der Zuwachssteuer wird bei Rechtsstreitigkeiten der Vertragsteile eines Grundstückgeschäftes regelmäßig **nicht** praktisch werden.

Allein in **besonderen Fällen**, in denen nach steuerrechtlichen Grundsätzen von der Steuerstelle Erlaß, Erstattung oder Ermäßigung nicht verlangt werden kann, wird auch sie als Ausgleichs- bzw. Schadensersatzposten eine Bedeutung gewinnen können.

Es soll daher nicht unterlassen werden, darauf hinzuweisen, daß bei der **rechtlichen Beurteilung** der Ansprüche des **betrogenen Verkäufers** oder **Käufers** grundsätzlich auch die Frage zu prüfen, wie es mit dem materiellen steuerrechtlichen Erlaß-, Erstattungs- bzw. Ermäßigungsanspruch gegenüber der Steuerstelle hinsichtlich der **Grunderwerbsteuer** und **Wertzuwachssteuer** steht. —

---

an den Verwaltungsgerichtshof geht, wenn das **Bezirksamt** als Beschwerdeinstanz entschieden hat.

Die Beschwerdefrist beträgt **14 Tage**. Die Beschwerde ist bei der 1. Instanz schriftlich einzureichen oder zu Protokoll zu geben. Art. 7, 8, 31; 9, 22 des bayerischen Verwaltungsgerichtsgesetzes vom 8. VIII. 1878 in der Fassung des bayerischen Vollzugsgesetzes zum Landessteuergesetz vom 30. VI. 1921 Art. 47 (GVBl. 1921 S. 371) und bayerische GemO. vom 29. IV. 1869 Art. 163.

Sachregister.

A.

B.

C.

D.

E.

F.

G.

H.

W.

Z.